TREKKING

Bernhard Rudolf Banzhaf

Trekking

Ein Praxisbuch für Einsteiger und Fortgeschrittene

Mit den schönsten Trekking-gebieten und Touren

BRUCKMANN

1 Die Vorgeschichte

Warum wandert der Mensch? Warum verzichtet er auf die Annehmlichkeiten schier unglaublicher zivilisatorischer Errungenschaften, um beschwerliche und lange Wegstrecken *zu Fuß* zurückzulegen? Warum trägt er tagelang einen schweren Rucksack über Stock und Stein und schwitzt, um danach zu frieren? Und das alles freiwillig.

Das Wandern ist des Menschen Lust

Wandern entspannt: Hügelreihen südlich von Tshoka, Sikkim

Wohin die Menschheit wandert, ist nicht ganz klar, jedoch wissen wir mit an Sicherheit grenzender Wahrscheinlichkeit, woher wir gekommen sind. Seit Charles Darwin haben wir dazu genauere Erkenntnisse. Der Mensch ist das Produkt der Evolution, einer allmählichen Entwicklung der Lebensformen. Unsere direkten Vorfahren, der *Homo erectus* und der frühe *Homo sapiens*, wanderten, um zu überleben. Heute überleben wir, weil wir wandern.

Die Urmenschen waren Jäger und Sammler. Sie durchstreiften während Jahrtausenden auf der Suche nach Nahrung die Kontinente. Sie wanderten erhebliche Strecken, um Rentiere, Hirsche, Büffel, Wildschweine und Rehe zu erlegen, Beeren, Pilze und Früchte zu sammeln, nach Wurzeln zu graben und nach Kräutern zu suchen. Unsere Vorfahren wichen teilweise der klimatischen Unbill langer Winter aus, um diese in südlicheren Gefilden zu verbringen. Sie waren großartige Nomaden, eine stets wandernde Spezies, unverbesserliche Wandernieren, von Hunger und Tatendrang vorwärts getriebene Individuen, die riesige Strecken zu Fuß bewältigen mussten, um existieren zu können. Dieser Hang zu langen, abenteuerlichen Wanderungen, die unendliche Bewegungsfreiheit in einer großartigen Natur, die Auseinandersetzung mit deren überall lauernden Gefahren und die stetige, unzertrennbare Verbundenheit mit der Erde sind also in unserem Erbgut vorhanden. Wir *müssen* wandern, wir können gar nicht anders. Die Bewegung in der Wildnis entspricht einem absoluten Urbedürfnis des Menschen. Dieses Bedürfnis wird noch zusätzlich betont durch die Tatsache, dass die Verstädterung des Lebensraumes hektisch voranschreitet und wir seit gut einhundert Jahren des Wanderns beinahe beraubt wurden: Eisenbahn, Automobil, Flugzeug und andere Fortbewegungsmittel wurden durch den technischen Fortschritt möglich, entwickelt und zunehmend, heute beinahe ausschließlich, gebraucht. Die Folge ist eine unglaubliche Beschleunigung des Lebensrhythmus. Der größte Teil der Menschen »wandert« heute eigentlich nur noch äußerst kurze Strecken in einem stark urbanisierten Umfeld: vom Parkplatz zum Lift und vom Lift zum Parkplatz, vom Bus zum Zug und vom Zug zum Bus, von der U-Bahn zum Flugzeug und vom Flugzeug zur U-Bahn oder zum Tram und von dort zum Aufzug usw. Der heutige Mensch ist immer noch ein Nomade, ein von der Steinzeit geprägtes Wesen, dessen Umfeld sich in dramatischer Weise verändert hat.

Der Mensch muss wandern! Er wandert, weil er ein Nomade geblieben ist.

Der Nomade in uns

Der *Homo sapiens* ist zum *Homo faber* mutiert, einer der Technik ergebenen, erlegenen Gattung von Neumenschen, welche jedoch noch das starke Erbgut, die Grundbedürfnisse unruhig nomadisierender Jäger und Sammler in sich trägt, aber immer weniger befriedigen kann. Die Fixierung auf einen Wohnort, ehemals durch die Entwicklung der Landwirtschaft und der Haltung von Haustieren möglich geworden, entspricht absolut nicht dem Naturell dieses Nomaden in uns. Die außerordentliche Spezialisierung in Beruf und Gesellschaft, wie sie sich durch die Industrialisierung und Modernisierung ergeben hat, läuft unserer ausgeprägten Neigung zum »Generalisten« völlig zuwider. Dieser Fortschritt – fester, stark urbanisierter Wohnsitz und Spezialistentum – engt den Nomaden und Jäger und Sammler in uns ein. Der Fernseher, dessen in der Regel geborgene und im Winter warme Umgebung und sein flackerndes und schummriges Licht kann deshalb heute als Ersatz für das Lagerfeuer angesehen werden, um welches sich unsere Vorfahren während Jahrtausenden am Abend – sich wärmend und erzählend – scharten. Die Jagd nach Erfolg und materiellem Wohlstand, nach Schnelligkeit und Rekorden mag den Jäger in uns zufrieden stellen, die eigenartigsten Sammelleidenschaften und eine daraus resultierende erstaunliche Anzahl thematisch eher skurriler Museen offenbaren ebenfalls gewisse Urbedürfnisse in uns, jene des Sammlers. Reisen, Wandern, Trekking und andere damit verwandte Aktivitäten in der freien Natur sind Ventile für das unterbewusste, sehr starke Verlangen in uns, ein Nomade zu sein, nebst einem zunehmenden Hang zur Flucht vor dem verstädterten oder städtischen, engen, eher unnatürlichen Milieu, in dem sich die meisten von uns täglich bewegen. So sucht jede angeborene Neigung ihre Befriedigung. In einem gewissen Sinne sind wir Spielbälle von alten Bedürfnissen, die dem modernen Leben eigentlich zuwider laufen, von uns jedoch heute als wohltuende Ergänzung dazu empfunden werden.

Wohltuende Ergänzung: Bergschluchten beim Phu La, Ladakh

So wohnten wir früher: Nomadenzelt in Changthang

Beliebteste Freizeitbeschäftigung

Es darf deshalb nicht verwundern, dass heute Trekking und Wandern zu den beliebtesten Freizeitbeschäftigungen des *Homo faber* gehörten. Noch nie wurde so viel gewandert, eigentlich »grundlos«, einfach darum, weil es schön ist und erfüllt, den unverbesserlichen Nomaden in uns zufrieden stellt. Selbst in den einschlägigen Bergsportvereinen und Alpen-Clubs gehört das Wandern mit Abstand zur Hauptbeschäftigung der Mitglieder. Es ist familienfreundlich, erschwinglich, kennt keine Altersbeschränkung und es braucht – so meinen viele – wenig bis keine Vorkenntnisse. Dieser Irrtum ist auch der Grund dafür, dass das Wandern zu den gefährlichsten Bergsportarten gehört. Bei keiner anderen Tätigkeit im Gebirge gibt es so zahlreiche Unfälle und so viele Todesopfer und Verletzte. Diese statistische Feststellung hängt jedoch auch damit zusammen, dass

> Der Mensch ist seiner Herkunft nach ein Nomade.
> Wandern wird von ihm als Ausgleich zum Alltag empfunden.
> Weitwandern kommt diesem Bedürfnis noch mehr entgegen.

eben sehr viele Menschen wandern, viel mehr als Bergsteiger, Kletterer, Schnee-, Wasser- und Luftsportler im Gebirge zusammen. Dieses Buch soll deshalb einen Beitrag leisten zur Vermeidung von Unfällen und unangenehmen Überraschungen, weshalb dem Thema »Gefahren« einige Seiten gewidmet sind.

Wir beschränken uns in der Folge auf Trekkingaktivitäten, die zu Fuß mit Wander- und Bergschuhen ausgeführt werden. Mit Schneeschuhen, dem Rad, dem Floß, dem Schlauchboot, dem Kanu und allerlei Reittieren kann natürlich auch getrekkt werden. Dies sind jedoch – obwohl ideell dem Trekking sehr nahe verwandt – eigentlich selbstständige Disziplinen, weshalb wir sie hier vernachlässigen müssen.

Trekking-Philosophie

Trekking ist die Zelebration der Langsamkeit. Trekking ist kein Leistungssport, sondern das kontemplative Erleben einer Wegstrecke. Trekking ist das Ergründen und Kennenlernen von Fremden und Fremdem, aber auch von Bekannten und Bekanntem, das Entdecken von Interessantem und die ideale Gelegenheit, einmal neugierig zu sein. Trekking ist das Privileg, die Welt mit der Geschwindigkeit des eigenen Schrittes zu entdecken, die Freiheit, stehen

Kontemplatives Erleben: Gebetsfahnen in Sikkim

Trekking ist Langsamkeit.
Trekking ist Entdecken.
Trekking ist Freiheit.
Trekking ist Erdnähe.

bleiben zu dürfen, um zu schauen, zu sehen, zu erkennen, zu riechen und zu spüren. Trekking ist die begrenzte Abkehr von der Jetztzeit, das Eintauchen in unsere Vergangenheit, die wohltuende Erkenntnis, für das Unterbewusstsein, den Geist und den Körper etwas Sinnvolles zu tun. Trekking ist Erdberührung, die Begegnung mit der Natur und den Elementen. Trekking ist der unverkrampfte Kontakt mit Gleichgesinnten in einer natürlichen Umgebung.

Sport, Erholungswert und Psychohygiene

Sich zu Fuß in den Bergen zu bewegen, ist eine körperliche Aktivität und eine sportliche Leistung. Es braucht dazu Freude am Wandern, eine entsprechende körperliche Verfassung, eine robuste Gesundheit, eine gute Grundkondition, eine ausgefeilte Gehtechnik, Kenntnisse über die Gefahren und Verhaltensweisen im Gebirge und eine adäquate Ausrüstung. Dies sind die elementaren Voraussetzungen für das Wandern.

Stimmen diese Grundbedingungen, so stellt sich bei der Ausübung dieses Sports automatisch ein erheblicher Erholungswert ein, welcher den Wanderer dazu treibt, noch mehr davon zu erhaschen. Trekking kann deshalb zu einer gewissen Abhängigkeit führen, es gibt Menschen, die meinen, nicht mehr leben zu können, wenn sie nicht mehr wandern. Diese Meinung ist nicht vollständig irrig, denn das Wandern bietet eine farbige Palette von angenehmen Gefühlen, die als Ausgleich zu unserem hektischen, unruhigen Leben – in einer

Die Freiheit, stehen bleiben zu dürfen: Kangchenjunga, 8598 m

von Leistung und Erfolg geprägten Gesellschaft – ganz wichtig, ja sogar unerlässlich sind. Trekking beruhigt, regt an, macht durstig und hungrig, flößt Ideen ein, reinigt, vermittelt ein persönliches Wohlgefühl. Trekking ist keine Leistungsdisziplin, sondern Erholungssport – reiner, ruhiger, anregender Genuss.

Dieser körperliche Erholungswert des Trekkings hat auch seine nachhaltigen Auswirkungen auf die Psyche. *Mens sana in corpore sano* (ein gesunder Geist in einem gesunden Körper) – das haben die Römer schon erkannt. Wandern kann durchaus eine ausgezeichnete Therapie für den Körper und deshalb auch die Seele sein. Bei längeren Trekkings kann man mit Fug und Recht von Psychohygiene sprechen, von Seelenbad und Läuterung. Längere Aufenthalte in den Bergen, die Abkehr von der penetranten negativen Berieselung der Medienwelt, die Ferne zur rasanten, enger werdenden Leistungsspirale, das Einswerden mit der Stille und der Beschaulichkeit, die gedankliche Beschäftigung mit persönlichen Dingen, für die man im täglichen Leben keine oder viel zu wenig Zeit hat, führt zu einem wohltuenden Abbau des Problemstaus, der in jedem Menschen zu finden ist. Der Sauerstoff beflügelt die Gedanken, und diese Beflügelung lässt Neues, Unkonventionelles zu, erlaubt plötzlich Ansätze zu Lösungen, lässt Ursachen von Symptomen unterscheiden und lehrt zu differenzieren.

Ein längerer Trek hat eine kontemplative, ja meditative Komponente. Eine Fernwanderung ist schließlich eine Wanderung zu sich selbst. Trekking ist die Manifestation der Distanz zum Alltag. Und nur aus dieser Distanz kann man werten und betrachten, entscheiden und bereinigen.

Trekking ist Sport.
Trekking ist kein Leistungssport.
Trekking ist Psychohygiene.
Trekking ist Meditation.

2 Trekking – eine alpinistische Disziplin

Was ist der Unterschied zwischen Wandern und Trekking? Handelt es sich um eine Modeerscheinung, also den Versuch, einen altbewährten, bodenständigen Begriff mit einem Anglizismus zu bemänteln? Oder sind damit zwei verschiedene Dinge gemeint?

Wandern

Wandern auf hohem Niveau: Tsho Kar, 4510 m, in Rupshu

Beim Wandern setzt man einen Fuß vor den andern, und das laufend. Etymologisch leitet sich laut Herkunftswörterbuch des Dudens das Wort »Wandern« wie folgt her: »**wandern:** Das *westgerm.* Verb *mhd.* wanderen, *engl.* to wander ist – ähnlich wie wandeln – eine Iterativbildung (d.h. ein Verb, das die Wiederholung eines Vorgangs ausdrückt, Anm. des Autors) und stellt sich zu *ahd.* wantôn ›wenden‹ und den unter *winden* und *wenden* behandelten Verben. Es bedeutet demnach eigentlich ›wiederholt wenden‹. Daraus entwickelten sich die Bedeutungen ›hin und her gehen, irgendwohin gehen, seinen Standort ändern‹.«

Unter Wandern verstehen wir heute die sportliche oder alpinistische Tätigkeit, einen längeren Abschnitt auf Wegen und Pfaden in oft unbekannter Natur zu Fuß zurückzulegen, im Gegensatz z.B. zum Spazieren oder dem Lustwandeln, dem gemütlichen Schreiten auf einem kürzeren, überschaubaren Abschnitt in eher vertrauter Umgebung.

Trekking

Trekking ist in der Tat eine neuere, moderne Wortschöpfung, deren Wurzeln aber überraschenderweise nicht im angelsächsischen, sondern im niederländisch-deutschen Sprachraum liegen. Dort heißt *trekken* »von einem Ort zum anderen ziehen«. Im 17. Jahrhundert war ein Trekker jemand, der ein Schiff zog, daraus wurde die Bedeutung »Zugmaschine« oder »Schlepper« abgeleitet. Das Wort Traktor entstammt ebenfalls diesem Ursprung. Die niederländischen Siedler in Südafrika, die Buren, nannten einen Zug in eine andere, bislang unbekannte und unbewohnte Gegend einen *trek*. Daraus ist das Wort Trekking entstanden, worunter wir heute vor allem das »mehrtägige Wandern über größere Distanzen« oder »das Weit- und Rundwandern« verstehen. Trekking wird hauptsächlich in gebirgigen Regionen,

Ein Trekkingziel ersten Ranges ist die Everest-Region. Der höchste Berg der Welt (8850 m) zeigt sich hier von Westen über den Gebetsfahnen auf dem Gokyo Peak, Nepal.

aber auch in Wüsten, Urwald und Wildnisgebieten ausgeübt. Trekking ist das Ausleben urmenschlicher Bedürfnisse, das »sich autark Fortbewegen« oder »Umherziehen« in einem Naturraum, und dies über mehrere Tage, Wochen oder gar Monate. Deshalb ist Trekking nicht einfach gleich Wandern. Vielmehr ist es die zeitlich ausgedehnte, intensivierte, zelebrierte, kontemplative Begegnung und die Auseinandersetzung mit Landschaften, Flora und Fauna, aber auch Menschen und deren Kultur und Traditionen. Die rein sportlichen Gründe und Ziele werden dabei von sehr umfassenden und vielschichtigen visuellen und akustischen Eindrücken und Gerüchen überlagert. So wird Trekking auch zum »Wandern mit Inhalt«.

Trekking ist nicht einfach Trekking

Trekking ist eine alpinistische Disziplin, die sich im Zuge der Auffächerung des klassischen Bergsports entwickelt hat. Die körperlichen Fähigkeiten und persönlichen Neigungen der Touristen, die natürlichen Gegebenheiten im Zielgebiet und allenfalls das Vorhandensein von gewissen Infrastrukturen können die Art des Trekkings, also die Methode, wie man eine solche Fußreise gestalten möchte, stark beeinflussen. Zunächst muss überlegt werden, ob man einen Trek selbst organisieren will oder ein fertiges Arrangement bei einer spezialisierten Agentur einkaufen möchte. Wir unterscheiden zwischen drei Methoden, wie eine Weitwanderung bewältigt werden kann: den **individuellen Trek**, den **Trek von Hütte zu Hütte** und den **Karawanen-Trek**. Wir werden in der Folge die grundlegenden Merkmale dieser drei Methoden darstellen, die die Auswahl erleichtern werden. Die wichtigsten Kriterien bilden dabei die Gegend, welche man besuchen möchte, die bevorzugte Unterkunft, die Kocharbeiten (Wasser holen, Kocher bedienen, Mahlzeiten zubereiten, abwaschen), die geplante eigene Tragleistung, die Kontaktmöglichkeiten zu den Einheimischen und der Preis.

INTERESSANT

Spazieren, Wandern und Trekken sind eng miteinander verwandt.
Der Unterschied liegt in der Länge, der Entfernung und im Inhalt.

Individueller Trek

Beim individuellen Trek (auch Zelt-Trek genannt) lautet die Devise: »Selbst ist der Mann (oder die Frau).« Das Merkmal dieser Trekking-Art besteht darin, dass der Trekker alles selbst trägt und für alles selbst sorgt. Es ist mit Abstand die herausforderndste und anstrengendste Methode. Die Vorbereitung muss minutiös geschehen und beim Material muss auf Vollständigkeit, absolute Notwendigkeit, Zweckmäßigkeit und gleichzeitig ein möglichst niedriges Gewicht geachtet werden. Jedes Gramm zählt schließlich! Als außerordentlich wichtige Ausrüstungsgegenstände sind hier besonders der Schlafsack und das Zelt zu nennen. Diese müssen vor allem den genannten Kriterien entsprechen. Die Anschaffungskosten für das Material sind dementsprechend hoch. Unterwegs kommen zur Marschleistung hinzu: Orientierungsaufwand, wache Augen und Ohren für Gefahren, ein schwerer Rucksack, wenig Ruhephasen während des Tages, zusätzliche körperliche und mentale Belastung durch Zelt aufstellen, Lagerplatz einrichten und abräumen, Wasser suchen und holen,

Individueller Trek: Der Trekker trägt alles, kocht selbst und schläft im Zelt.

Kocharbeiten, Bedienen des Kochers, Abwasch, Material suchen, reparieren und packen. Die Bindung an den gewählten Zeltplatz darf nicht unterschätzt werden, denn in bewohnten Gebieten muss meistens jemand auf einen Erkundungsausflug verzichten, um das zurückgelassene Material zu beaufsichtigen. In unbewohntem Gebiet wiederum könnten wilde Tiere ein gewisses Interesse an den verführerischen Gerüchen haben, die aus dem Lager strömen. Der individuelle Trek verlangt sehr viel von den Abenteurern, ist doch eine gute Organisation und große Disziplin gefragt. Die Müdigkeit stellt einen ständigen Feind dar, besonders, wenn die zeitliche Planung nicht allen diesen Herausforderungen gerecht wird. Zudem ist der Zelt-Trekker den meteorologischen Verhältnissen sehr stark ausgesetzt: Regen, Schnee, Hagel, Blitz, Nässe, Nebel, Wind, Kälte, Hitze, Trockenheit, Sandstürme und Ähnliches müssen stoisch erduldet werden können. Bei langen Trekkings spielt zudem die Ernährung eine entscheidende Rolle, sie darf unter keinen Umständen vernachlässigt werden. Von großer Bedeutung sind ein gut funktionierender Kocher und genügend Brennstoff, überlebenswichtige Gegenstände beim Zelt-Trekking. Eine gute Ernährung schlägt sich aber auch im Gewicht nieder, das mitgetragen werden will, und im Abfall, der dadurch zwangsläufig produziert wird. Aber der individuelle Trek hat natürlich auch ganz gewaltige Vorteile: die grenzenlose Freiheit; das Gefühl, sein eigener Herr und Meister zu sein; das herausfordernde

Trekker vor dem Bietschhorn im Wallis. Die rein sportlichen Ziele werden von mannigfaltigen Eindrücken überlagert.

Leben mit und in der Natur; die große innere Befriedigung, wenn der Trek gelingt. Der individuelle Trek kommt dem geschilderten Urbedürfnis des Menschen nach Weitwanderungen am nächsten. Er eignet sich deshalb ganz besonders in unerschlossenen Gebieten – in der Wildnis – fernab von touristischen Infrastrukturen.

Trek von Hütte zu Hütte

Diese Trekking-Variante steht und fällt mit der Verfügbarkeit einer entsprechenden touristischen Infrastruktur. Die Berghütten, Hotels, Gasthäuser, Lodges, Teehäuser, Karawansereien, Jurten, Nomadenzelte oder ähnliche Unterkunfts- und Verpflegungsmöglichkeiten müssen vorhanden und nicht allzu weit voneinander entfernt sein. Bedingung ist, dass spätestens am folgenden Abend wieder eine solche bewirtete Einrichtung erreicht wird, wo man sich genügend verpflegen und übernachten kann. Der entscheidende Vorteil ist der geringere Materialaufwand. Weder Zelt, Kocher, Brennstoff noch Esswaren (außer für das Picknick unterwegs) müssen mitgetragen werden. Für Touristen gibt es tagsüber bei vernünftiger Planung angenehme zeitliche Freiräume, in guten Unterkünften einen gewissen Komfort, Gemütlichkeit und eine der körperlichen Leistung angemessene Ernährung. Lodges und Teehäuser außerhalb der westlichen Hemisphäre können natürlich nicht mit gut organisierten Berghotels in den Alpen verglichen werden. Aber – das gilt für alle Gebiete – der Kontakt zu den Hüttenwirten und deren Familien gehört zu einer der Bereicherungen dieser Trekking-Art. Der Trek von Hütte zu Hütte kann bei uns in der Regel »vor der Haustür« geprobt und ausgeübt werden. Er kann als Selbstzweck oder als Training für eine Weitwanderung in Übersee unternommen werden. In verschiedenen Ländern, vor allem den südlicheren, gibt es auch eine Zwischenform zwischen Hütten- und Karawanen-Trek, der in der Folge noch besprochen wird: Der Gast übernachtet und verpflegt sich zwar in den Logdes, beschäftigt aber gleichzeitig Führer und/oder Träger oder auch Tragtiere, welche das mitgeführte Material übernehmen und damit den Trekker entlasten.

Eine Lodge in Ladakh lädt zum Verweilen ein.

Trek von Hütte zu Hütte: Der Trekker trägt selbst, lässt kochen und schläft in der Hütte.

Karawanen-Trek

Der Karawanen-Trek ist die Luxusvariante unter den Trekking-Arten. Das naturnahe Leben wird wesentlich erleichtert durch die Tatsache, dass für die begleitenden Arbeiten (Material tragen, Zelte aufstellen, Kochen, Packen) eingestellte Helfer (Führer, Köche, Träger, Pferde-, Kamel-, Yak-, Lama- oder Eseltreiber) zuständig sind. Der Trekker kann sich also auf die körperliche Leistung und die Auseinandersetzung mit den kulturellen Elementen konzentrieren. Aller »Ballast« wird ihm von meist lachenden, freundlichen Einheimischen abgenommen, und dies vor, während und nach dem Trek. Diese Helfer bilden auch eine äußerst willkommene Gelegenheit, sich spontan mit den Ess- und Lebensgewohnheiten, der Kultur und dem Charakter dieser Leute auseinander zu setzen. Die beschäftigten Einheimischen sind meist sprachgewandt, da sie ja zumindest teilweise vom Trekking-Tourismus leben, und recht gut mit den lokalen Traditionen vertraut. Sie öffnen so wertvolle Kontakte zu Menschen unterwegs. Durch den aufwändigen Stil und die Organisation des Transports kann natürlich mehr Material mitgeführt werden, was den Komfort steigert. Man muss aber auch beachten, dass dadurch der Tagesablauf entsprechend langsamer wird. Alles braucht etwas mehr Zeit. Zudem muss dem ökologischen Aspekt vermehrt Beachtung geschenkt werden. In der Regel wird gezeltet, die Benutzung von touristischen Anlagen (Hütten etc.) ist – sofern vorhanden – auch möglich, beispielsweise bei schlechtem Wetter. Die Ernährung ist in der Regel qualitativ konstanter, besser und regelmäßiger, die Ruhephasen während des Tages der körperlichen Beanspruchung eher angemessen. Orientierungsprobleme gibt es selten, da die einheimischen Führer über den Verlauf des Weges Bescheid wissen. Das Reisen in der Karawane ergibt automatisch ein wesentlich größeres Sicherheitsgefühl. Eine eingespielte, tolerante, gegenseitig auf sich eingehende Truppe (Trekker und deren einheimische Helfer) erzeugt zwangsläufig einen unvergesslichen »Familiengeist«. Die Nachteile ergeben sich in einer gewissen Schwerfälligkeit, in der Tatsache, dass man oft traditionelle Etappen bewältigt, die sich aus der Rücksichtnahme auf die verfügbaren Lagerplätze, auf die Träger und Tragtiere ergibt. Deshalb besteht weniger individueller Spielraum. Der Karawanen-Trek ist die bequemste, aber teuerste Trekking-Form. Der Trekking-Tourist ist direkt verantwortlich für seine hilfsbereiten Schützlinge, er muss für deren angemessene Ausrüstung, deren gesundheitliches Wohl und deren Bezahlung nach

> Karawanen-Trek: Der Trekker lässt tragen, lässt kochen und schläft im Zelt.

Eine Pferdekarawane mit Trekkinggepäck schleicht einen dürren Hang im Industal, Ladakh, entlang.

örtlichen Gepflogenheiten sorgen. Der Karawanen-Trek eignet sich in einsamen Wildnisgebieten und auch in Regionen mit einer touristischen Infrastruktur, vorausgesetzt, die Wege für Tragtiere oder Träger sind geeignet und das notwendige Hilfspersonal verfügbar, was vor allem in den Ländern des Südens der Fall ist. Dort werden Einnahmen aus dem Trekking-Geschäft als attraktiver Nebenverdienst angesehen. Der Trekking-Tourismus leistet dort mitunter einen erheblichen Beitrag zur Existenz der Menschen im Gebirge.

Trekking vor der Kulisse von Kang Taiga und Tramserku im Himalaja

Hinweise zu Trekking-Veranstaltern

Menschen, die aktiv mitten im Leben stehen, werden sich eher von einer spezialisierten Agentur beraten lassen, denn sehr oft fehlt leider einfach die nötige Muße, eine solche Unternehmung mit allen Einzelheiten selbst zu planen und auszuführen. Menschen mit individuelleren Bedürfnissen oder einschlägigen Erfahrungen werden sich hingegen selbst helfen wollen, um ein geeignetes Trekking auszuführen. Während die Trekking-Pioniere noch alles selbst organisieren mussten, gibt es heute in Europa und Nordamerika, aber auch in den Zielländern von Afrika, Asien, Südamerika und Ozeanien eine ganze Reihe von erfahrenen (jedoch leider auch weniger bewanderten) Trekking-Agenturen. Deren Angebote reichen von fertigen Gruppenarrangements bis zur maßgeschneiderten Individualreise. Die Auswahl eines solchen Programms oder auch einer Agentur im Zielgebiet will wohl durchdacht und abgewogen sein. Wichtig sind dabei die Erfahrung, die Seriosität, das Know-how und die Verankerung der Gesellschaft im Zielgebiet, die Referenzen und auch das Preis/Leistungsverhältnis. Große Veranstalter tendieren dazu, in farbig gestalteten Katalogen sehr viele verschiedene Programme anzubieten, wohl auch im Wissen, nicht für alle diese Reisen genügend Teilnehmer zu finden. Es kann deshalb vorkommen, dass die Kunden plötzlich vor die Wahl gestellt werden, an einer anderen Reise als der gebuchten teilzunehmen oder den Veranstalter zu wechseln. Bei den Arrangements, die heute im Internet von unbekannten Agenturen im Zielland angeboten werden, ist auf Grund der geografischen Ferne eine Überprüfung der Seriosität erst an Ort und Stelle möglich. Überraschungen sind deshalb möglich. Generell sollte man auf diese Möglichkeit nur zurückgreifen, wenn man im Zielgebiet genügend Zeit zur Verfügung hat, um die nötigen persönlichen Kontakte zu knüpfen und eine Trekking-Agentur auszuwählen.

Die Hängebrücke, ein klassisches Symbol für Trekking in fernen Ländern

INTERESSANT

Der verwegenste Karawanen-Trekker aller Zeiten war wohl der schwedische Geograf Sven Hedin, der auf seinen großen Entdeckungsreisen durch Zentralasien und Tibet völlig allein bis zu 30 Helfer beschäftigte und Lasten für über 200 Pferde, Maultiere und Yaks mit sich führte.

3 Voraussetzungen

Wer sollte wann welchen Trek wagen?
Welche Voraussetzungen körperlicher und geistiger Natur sind dafür vonnöten?
Welche Vorbereitungen sind erforderlich für welchen Trek?

Trekking ist die Chance, sich Fremdem zu öffnen und zu nähern, sich aber auch mit vermeintlich Bekanntem auseinander zu setzen. Trekking fördert die Neugier. Doch Trekking ist nicht einfach Wandern oder Spazieren. Wandern und Spazieren kann man jederzeit und oft sehr kurzfristig. Trekking – das Abschreiten größerer Distanzen – bedingt eine durchdachte, lückenlose Vorbereitung. Bei dieser Vorbereitung zu einer Tour sollte immer die Trekking-Philosophie zuoberst stehen, die Wahl des Treks und die Planung sollten sich diesen Zielen unterordnen. Natürlich können die Voraussetzungen für einen Trek je nach Ziel, Dauer, Art und gewählten Inhalten sehr verschieden sein. Während man sich die grundlegenden Voraussetzungen über Jahre hinweg antrainieren kann, muss die eigentliche, auf die spezifische Tour abgestimmte Vorbereitung in angemessenen Zeitabschnitten relativ kurz vor der Reise erfolgen. Die Vorbereitungen sind je nach Ziel und Dauer des Treks kürzer oder länger. Diesen Aspekten gilt es, Rechnung zu tragen. Bei Erfüllung der Voraussetzungen und bei kluger Vorbereitung kann der Erlebniswert und der positive gesundheitliche Aspekt einer Weitwanderung erheblich gesteigert werden.

Körperliche Voraussetzungen

Wie wir weiter oben festgestellt haben, ist Trekking eine sportliche Aktivität. Es erfordert eine erhebliche Ausdauerleistung, kumulierte Tausende von Höhenmetern im Auf- und Abstieg zurückzulegen, teilweise auf schwierigen Pfaden, im Hochgebirge, teilweise in Höhen, in denen wir uns unter normalen Umständen praktisch nie aufhalten. Lange Wanderungen in Hitze und Kälte, bei Wind, Regen, Schnee, Hagel, bei großer Trockenheit und flimmerndem Sonnenschein erwarten uns. Die körperlichen Voraussetzungen für einen Trek bilden damit den eigentlichen Schlüssel zum Genuss. Nur nach einer optimalen körperlichen Vorbereitung sollte ein Trek, auch ein kürzerer, in Angriff genommen werden.

Geistige Aktivität: Gebetsmauer, Gehörn und Gebetsfahnen auf einem Pass in Rupshu

Sportliche Aktivität: Steiler Anstieg auf schwierigen Pfaden in Ladakh

Eine gute, robuste Gesundheit, eine gute Grundkondition, ein dem Programm angepasster konditioneller Zustand und Freude an langen Wanderungen bilden die Eckpunkte dieser Voraussetzungen. Die meisten dieser körperlichen Eigenschaften kann oder muss man sich erarbeiten. Es ist deshalb außerordentlich wichtig, dass die Planung der Unternehmung parallel ein angemessenes Training zulässt. Gewiss wird man sich unterwegs noch zusätzlich steigern können, sich an die Verhältnisse, das Klima und die Höhe und die Anstrengungen gewöhnen und damit an der Aufgabe wachsen. Ein Aufbruch zu einem Trekking ohne eine terminlich abgestimmte, zielgerichtete körperliche Vorbereitung kann jedoch verhängnisvoll enden und ist mit Sicherheit der Gesundheit nicht zuträglich.

Kondition und Ausdauer

Trekking ist primär eine Ausdauerleistung. Deshalb ist es wichtig, dass zu Hause *täglich* eine oder mehrere sportliche Aktivitäten in Ihrem Pensum Platz haben. Es ist wesentlich sinnvoller, täglich eine oder mehrere sportliche Anstrengungen zu bewältigen, als ein Mal in der Woche eine Gewaltleistung. So kann man beispielsweise in der Vorbereitungsphase Wegstrecken zu Fuß oder mit dem Fahrrad bewältigen, für die man sonst den Wagen oder das öffentliche Verkehrsmittel benutzt. Sinnvoll ist es auch, auf Aufzüge und andere Annehmlichkeiten konsequent zu verzichten. Die Summe kleiner, auf den ersten Blick unscheinbarer Anstrengungen wird Ihre Grundkondition schlagartig und nachhaltig verbessern. Auf einer guten Grundkondition können Sie schließlich die sportliche Kondition aufbauen, die für die Bewältigung einer langen Wanderung vonnöten ist. Um den spezifischen Erfordernissen eines Treks zu genügen, eignen sich natürlich Wanderungen im Gebirge und im Gelände, zunächst kurze und leichte, später – in einem angemessenen Intervall – längere und schwierigere. Dabei kann auch kontinuierlich das Gewicht des Rucksacks gesteigert werden. Mit diesen Maßnahmen werden Sie Herz, Lungen und vor allem ihre Gelenke kontinuierlich an die

Geistige und sportliche Aktivität: Traditionelle Kettenbrücke in Nepal

Sportliche und geistige Aktivität: Cho Oyu (Göttin des Türkis), 8153 m, über dem Gokyosee im Sherpaland

Anstrengungen gewöhnen. Ein Trek ist nur bei einer konsequenten und angepassten Vorbereitung wirklich ein Urlaubsgenuss. Ist der Trek vor Ort plötzlich zu anstrengend, ist dies nicht automatisch die Schuld der eigenen Planung oder des Veranstalters, sondern meistens die Konsequenz einer ungenügenden körperlichen Vorbereitung.

Technisches Training

Die technischen körperlichen Voraussetzungen für einen Trek – eine ökonomische Gehtechnik, Trittsicherheit, Höhentauglichkeit, Schwindelfreiheit – können parallel zum Konditionstraining erlangt werden. Dabei ist es sehr wichtig, sich und seine Begleiter nicht zu überfordern, sondern mit beschaulichen, sehr einfachen Wegen zu beginnen, dann aber die Schwierigkeiten stetig und in einem angemessenen Rahmen zu steigern. So kann man auch laufend an Erfahrung dazugewinnen und erlangt schließlich jene Sicherheit, die für die gefahrlose, souveräne Bewältigung einer Fernwanderung nötig ist. Besonders eignen sich in dieser sehr wichtigen Vorbereitungsphase geführte Wanderungen und Bergtouren, wie sie von Alpenvereinen und Bergsteigerschulen angeboten werden. Dort können Sie unter kundiger Führung schnell Fortschritte erzielen und von den Tipps der Bergführer und Wanderleiter profitieren. Gleichzeitig können Sie sich mit den nötigen Orientierungshilfen vertraut machen und haben die Möglichkeit, in der Natur sukzessive selbstständiger und erfahrener zu werden, dabei die Gefahren zu erkennen und auch richtige Entscheidungen zu treffen.

Diese essenziellen körperlichen Vorbereitungen brauchen Zeit. Es ist deshalb von größter Wichtigkeit, dass damit rechtzeitig begonnen wird.

Neues, Unbekanntes: Buddha Sakyamuni in Hemis, Ladakh

Geistige Vorbereitung

Trekking hat, wie bereits erwähnt wurde, den Vorteil, eine Wanderung mit Inhalten zu füllen. Eine Weitwanderung soll nicht eine rein sportliche Aktivität bleiben. Das gemütliche Durchstreifen des Natur- und Kulturraumes ist die ideale Basis für die Auseinandersetzung mit Neuem, Unbekanntem, aber auch mit vermeintlich Bekanntem, mit der Kultur, dem Kulturerbe, der Geschichte, den Traditionen und den besonderen Eigenarten des besuchten Gebietes. Dieses geistige Interesse wird der Unternehmung eine entscheidende Bereicherung und Aufwertung verleihen, die Zeit vor, während und nach dem Trek mit nachhaltigen, bleibenden, unvergesslichen Eindrücken und Erlebnissen erfüllen, von denen in der Regel über längere Zeit gezehrt werden kann. Bei einem Trek soll der Kopf nicht nur für die Befestigung der Stirnlampe oder der Mütze dienen. Die bewusste Aufnahme und Verarbeitung von interessanten und faszinierenden Informationen über das Zielgebiet führt dem Hirn jene Nahrung zu, die es braucht. Ein Trekking kann sehr neugierig machen. Es wäre schade, diese Gelegenheit zu verpassen und eine Wanderung auf das rein sportliche Element zu reduzieren, damit wird dem Sinn und der Philosophie des Trekkings nicht Genüge getan. Auf einer Fernwanderung kommt man zwangsläufig an einer Fülle von interessanten Stätten und Naturschauspielen vorbei, die man erst beachtet, wenn man deren Hintergrund und Bedeutung versteht. Man sieht nur, was man weiß!

Einlesen

Beschaffen Sie sich zunächst generelle Informationen über das Zielgebiet und wählen Sie für sich jene Themen aus, die sie am meisten faszinieren. Lesen Sie Bücher und Zeitungen, surfen Sie im Internet und füllen Sie so kontinuierlich Ihren »geistigen Rucksack«. Natürlich kann man sich nie auf alle möglichen Interessengebiete vorbereiten, zudem wird die Reise selbst mit einigen Überraschungen aufwarten, welche Ihnen ermöglichen, spontan zu reagieren oder auch nach der Heimkehr den Faden weiter zu verfolgen. Wichtig ist, dass Sie Neugier zeigen und offen sind, sich mit Anderem, Neuem und Bereicherndem auseinander zu setzen. Diese Einstellung wird Sie von Ihrem alltäglichen Betrieb wegführen, Ihnen wirklich den Eindruck vermitteln, im Urlaub zu sein, körperlich in der Natur, geistig in einem Gebiet, das entdeckt werden will. Die Routine wird Sie zu Hause schnell genug wieder einholen. Aber die geistige Bereicherung, die eine

WICHTIG

Trekking ist Wandern mit Inhalt.
Körper und Geist wollen gleichsam vorbereitet sein.

Trekking-Reise vermitteln kann, und die Möglichkeit, diese mit anderen, gleich gesinnten Menschen an Ort und Stelle auszutauschen, wird die tägliche Routine erträglicher machen, man wird auch besser damit umgehen und fröhlicher in den Tag hinein leben können als vorher. Es gibt nichts Faszinierenderes, als wenn einen etwas begeistert.

Praktische Vorbereitungen

Um eine Trekking-Reise vorzubereiten, ist der Rohstoff »Zeit« gefragt. Zeit hat man eigentlich immer, nur setzt man manchmal andere Prioritäten, die viel Zeit in Anspruch nehmen. Vor allem eine erste Trekking-Tour will wohl überlegt und minutiös geplant sein, und verschiedenen Einzelheiten muss Beachtung geschenkt werden. In der Folge möchten wir die Vorbereitungsphasen etwas strukturieren, damit nichts Wesentliches vergessen wird. Die Ausführungen sind eher auf Individualreisende abgestimmt; aber auch solche, die eine Reise fix buchen, sollten sich an die einzelnen Schritte halten.

Ein Jahr vor Reisebeginn

Dies ist eigentlich der ideale Moment, sich definitiv für eine Trekking-Tour zu interessieren und zu entscheiden. Die Bestimmung dieses Termins hängt selbstverständlich stark von den

Die Weichen rechtzeitig stellen! Station Ghoom der Darjeeling-Bahn.

klimatischen Voraussetzungen im Zielgebiet, aber auch von den persönlichen und beruflichen Verpflichtungen ab. Legen Sie die **Dauer der Reise** fest und sichern Sie sich wenn möglich schon Ihren Urlaub. Liegt Ihr Reiseziel in Überesse, so sollten Sie jetzt schon Ihre **Flugbuchungen** anmelden. Machen Sie sich mit der **Materialcheckliste** vertraut und ergänzen Sie sukzessive Ihre **Ausrüstung**. Verschaffen Sie sich jetzt schon eine Übersicht über die möglichen kulturellen Aspekte ihrer Reise.

Ein halbes Jahr vor Reisebeginn

Ergänzen Sie laufend Ihre Informationen zum Zielgebiet. Erkundigen Sie sich über mögliche administrative Erfordernisse (Bewilligungen, Spezialvisa, Nationalparks) und die politische Situation. Beschaffen Sie sich **Lesestoff** und beginnen Sie mit der Lektüre, um sich geistig auf

Weitblick ist gefragt! Sgurr na Ciche in den schottischen Highlands.

die Kultur Ihrer Zielregion einzustellen. Erkundigen Sie sich nach den notwendigen **Impfungen** und lassen Sie sich von einem Arzt oder Tropeninstitut beraten. Testen Sie Ihr **Material** und intensivieren Sie Ihre **körperliche Vorbereitung.** Besuchen Sie unter Umständen einen Kurs in erster Hilfe.

Ein Vierteljahr vor Reisebeginn

Ergänzen Sie bei Bedarf Ihre **Versicherungen**, achten Sie darauf, dass mögliche Rücktrittskosten, Diebstahl und Unfall/Krankheit entsprechend Ihrem Vorhaben gedeckt sind. Setzen Sie Ihre **Lektüre** fort und vertiefen Sie sich in die Besonderheiten des Zielgebietes. Beenden Sie notwendige **Impfungen**. Buchen Sie jetzt spätestens Ihre **Unterkünfte** (Hotels, Hütten und – wo möglich – Lodges etc.) und auch Transfers, Besichtigungen und weitere Spezial-

Den Anforderungen eines Treks gewachsen sein: Auf dem Pass Màm Barrisdale in Knoydart, Schottland

arrangements. Fragen Sie sich, ob Ihre körperliche **Kondition** sich bereits den Anforderungen des Treks nähert. Vereinbaren Sie bei längerer Abwesenheit mit Ihrem Zahnarzt vor Abreise einen Kontrolltermin. Es gibt nichts Lästigeres als Zahnweh unterwegs.

Ein Monat vor Reisebeginn

Für viele Länder sind Sichtvermerke nötig. Prüfen Sie, ob Ihr Zielland ein Visum verlangt, ob Ihr Pass noch mindestens ein Jahr über den Reisetermin hinaus gültig bleibt und ob der Pass ordnungsgemäß unterschrieben und für das Zielland geeignet ist. Besorgen Sie sich jetzt das **Visum** beim zuständigen Konsulat. Kümmern Sie sich um andere erforderliche Bewilligungen und administrative Erfordernisse für Ihre Reise. Ergänzen Sie Ihren **literarischen Exkurs**. Stellen Sie sich eine kleine Reiseapotheke zusammen und beschaffen Sie sich die dafür nötigen **Medikamente**. Informieren Sie Ihre Verwandten, Bekannten,

WICHTIG

Die Vorbereitung soll keine Arbeit sein, sondern Vorfreude!

Freunde und Geschäftspartner von Ihrer Abwesenheit und hinterlassen Sie wo nötig Ihre Koordinaten (**Adressen**, E-Mail, Telefonnummer etc.). Eröffnen Sie bei einem geeigneten Server eine entsprechende E-Mail-Adresse, die Sie im Zielgebiet abrufen können.

Eine Woche vor Reisebeginn

Freuen Sie sich? Sind Sie gesund? Erlaubt Ihr jetziger Gesundheitszustand diese Reise? Sind Sie informiert über die kulturellen Eigenheiten, welche Ihnen das Zielgebiet offerieren wird? Wenn Sie diese Fragen mit »Ja« beantworten können, dann gilt es, den **administrativen Aufgaben** gerecht zu werden, die in Zusammenhang mit Ihrer Abwesenheit stehen. Lassen Sie Ihre Post umstellen oder geben Sie dem Postamt den Auftrag, diese bis nach Ihrer Rückkehr zurückzubehalten. Lassen Sie – falls nötig – Zeitschriften und Tageszeitungen umleiten und delegieren Sie wichtige Termine, die während Ihrer Abwesenheit stattfinden. Vergessen Sie auch nicht, Ihre fälligen Zahlungen zu erledigen oder zu organisieren. Prüfen Sie jetzt die **Reisedokumente**: Flugticket, Pass, Bahnfahrkarte, Schiffs- oder Fährpassage, Buchungsbelege etc. und besorgen Sie sich die nötigen **flüssigen Mittel** (Kreditkarten, eine ausgewogene Mischung von Devisen und Reiseschecks etc.). Legen Sie Ihr Material gemäß der Checkliste auf drei Stapel: 1. für den Seesack, 2. für den Rucksack und 3. für das Handgepäck. Verpacken Sie die Kleider und andere Gegenstände in Plastiktüten und **packen** Sie alles ein. »Gefährliche« Gegenstände wie Taschenmesser, Scheren, Wanderstöcke usw. gehören übrigens für die Dauer der Flugreise in den Seesack. Schließen Sie diesen mit einem Schloss und schreiben Sie Ihre Zieladresse auf eine dafür vorgesehene Gepäcketikette. Richten Sie Ihr Zuhause so her, wie Sie es müde und abgespannt nach einer Trekking-Reise wieder anzutreffen wünschen. Schalten Sie den leeren Kühlschrank aus und öffnen Sie dessen Tür einen Spalt breit. Reduzieren Sie die Heizung auf ein vernünftiges Maß und deaktivieren Sie automatische Mechanismen, die während Ihrer Abwesenheit überflüssig werden. Vergessen Sie Ihre Pflanzen, Blumen, Miezekatze, Hund, Kanarienvogel, Fische und alle anderen Haustiere nicht. Widmen Sie sich jetzt getrost den **Abschiedspartys** und den letzten Telefonaten. Gute Reise!

Es kann los gehen! Ein Bus bringt uns von Darjeeling zum Ausgangspunkt des Trekkings.

4 Ausrüstung

Was gehört unbedingt zur Trekking-Ausrüstung? Was kann man getrost zu Hause lassen? Wann und wie beschaffe ich fehlende Ware? Worauf muss ganz besonders Acht gegeben werden?

Ausrüstung und Geld bedingen gewisse Gegensätzlichkeiten: Vom Ersteren hat man meist zu viel dabei. Selbst eingefleischte Trekker haben immer Dinge im Rucksack oder im Seesack, von denen man nach der Reise zugeben muss, dass man sie eigentlich nicht gebraucht hat. Aber bei der Ausrüstung sollte man eben, wie bei einer Apotheke, alle – oder zumindest die meisten – Eventualitäten berücksichtigen. Wenn diese Fälle nicht eintreffen, so ist das nicht unbedingt der Fehler, der Übereifer oder die Nachlässigkeit des Weitwanderers.

Bei der Ausrüstung muss in erster Linie auf absolute Zweckmäßigkeit, Robustheit, Bewährung und Gewicht geachtet werden. Das Material muss dem Zweck angepasst sein, sich unter den zu erwartenden Verhältnissen bewährt haben und »tragbar« sein. Fehlende Gegenstände sollte man möglichst früh anschaffen, um deren Zweckmäßigkeit einer Bewährungsprobe unterziehen zu können. Vermeiden Sie es, mit völlig neuen, unerprobten Ausrüstungsgegenständen loszuziehen. Beim Packen sollte man immer sehr kritisch bleiben, vertrauen Sie auf Ihre Improvisationsfähigkeiten, denken Sie daran, dass man Kleidungsstücke unterwegs waschen oder im Zielgebiet unter Umständen auch Fehlendes erwerben oder Defektes reparieren kann. Die Prioritäten bei der Ausrüstung hängen natürlich von der Art und der Methode des Treks und seiner Dauer ab.

Die Ausrüstung soll immer an die Erfordernisse angepasst sein. Balanceakt im Buri Gandaki-Tal, Nepal.

Die Ausrüstung muss zweckmässig und möglichst leicht sein. Rast auf dem Saaser Mittaghorn, Wallis.

ACHTUNG

Die wichtigsten Ausrüstungsgegenständen beim Trekking sind eindeutig die Schuhe und der Schlafsack. Entweder man steckt in den einen oder im anderen.

Eine gute Ausrüstung sorgt für Wohlbefinden. Rast in Gorak Shep, Nepal, auf über 5000 Metern Höhe.

Basisausrüstung

Materialcheckliste Trekking
Rucksack
Seesack oder robuste Reisetasche

Bekleidung
Anorak oder Windjacke
Berg- oder Wanderhose
Daunenjacke
Faserpelzjacke oder Pullover (dick)
Gamaschen
Handschuhe, Überhandschuhe
Hemden/Blusen (dick/dünn)
lange Unterhose
Mütze
Pullover oder Faserpelzweste (dünn)
Regenhose
Schal
Schirm oder Pelerine
Shorts
Socken/Strümpfe
Sonnenbrille mit Ersatz
Sonnenhut
T-Shirts
Turnschuhe
Unterwäsche
Wander- oder Trekkingschuhe

Für den Komfort
Handtuch
Leintuch/Seidenschlafsack
Rollmatte
Schlafsack
Toilettenartikel, Shampoo, Seife, Zahnstocher, Rasierer
Trainingsanzug/Pyjama

Kleinkram
Apotheke
Ausweis des Alpenvereins
Bahncard/Halbtaxabonnement
Ersatzbirne, Ersatzbatterie
Erste-Hilfe-Set
Fahrausweis
Geld
Höhenmesser
Kompass
Kreditkarten
Landkarten
Lunchbeutel
Notizmaterial/Schreibzeug
Pass, Identitätskarte
Sonnencreme
Stirnlampe
Taschenmesser
Trink- oder Thermosflasche
Uhr/Wecker

Nach eigenem Wunsch
Fernglas
Filme
Fotoapparat, Ersatzbatterie
Literatur
Wanderstöcke

Alpintechnisches Material
Anseilgurt
Bergschuhe, steigeisenfest
Funk
Karabiner/Eisschrauben
Lawinenschaufel
Lawinenschnur
Ortungsgerät
Pickel
Reepschnur
Schlingen
Seil
Steigeisen, angepasst

Beachten Sie, dass sämtliche Ausrüstungsgegenstände, die als Schutz gegen Sonne, Kälte und Nässe gedacht sind, in jedem Fall immer schnell griffbereit im Rucksack zur Verfügung stehen. Die Gebirge dieser Welt sind hinlänglich bekannt für ihre sehr oft drastischen Wetter- und Temperaturstürze.

Zu den wichtigsten Gegenständen hier ein paar nützliche Kommentare (Rucksack, Seesack, Schuhe, Schlafsack und Zelt sind in speziellen Unterkapiteln abgehandelt):

ANORAK/WINDJACKE

Hier sollte der Schutz vor Wind im Vordergrund stehen. Der Anorak muss auch gegen Regen und Feuchtigkeit schützen, sollte farbig und funktionell gestaltet und darf nicht zu schwer sein. Einige Taschen darf er schon haben, aber nicht zu viele. Generell behindert und verwirrt zu viel Schnickschnack, schlichte Funktionalität ist besser. Dichte Nähte, ein robuster Reißverschluss, gut schließende Ärmelstöße und eine genügend große Kapuze (unter der man unter Umständen auch eine Mütze tragen kann) sind wichtige Attribute, auf die unbedingt geachtet werden muss.

Farbig und funktionell: erfahrene Trekkerin auf dem Klosterhügel von Tengpoche, Nepal

BERG- ODER WANDERHOSE

Heute haben sich lange Gehhosen durchgesetzt. Von Vorteil ist ein Mischgewebe, das warm ist und bei Feuchtigkeit auch am Körper schnell trocknet. Wenige, dafür breite Beintaschen bieten Stauraum für Karte, Höhenmesser und Notizblock. Besonders zu empfehlen sind Hosen mit einem robusten Bund und einer speziellen Knieverstärkung, welche die Gelenke zusätzlich zu schützen vermögen. Dies soll die oberste Devise sein bei der Wahl der Hose, denn vor allem Knie und Hüften werden durch die Beanspruchung und die Temperaturschwankungen am stärksten in Mitleidenschaft gezogen. Die Hose muss so beschaffen sein, dass man meint, man habe gar keine an.

DAUNENJACKE

Eine Daunenjacke ist eigentlich ein reiner Komfortartikel. Ihr Einsatz ist vor allem in überseeischen Gebirgen von Vorteil, wo man nicht auf den Schutz einer warmen Hütte bauen kann. So begrenzt sich die Benutzung einer Daunenjacke auf die Abendstunden oder auf extrem tiefe Temperaturen in großer Höhe. Den gleichen Effekt kann man auch mit dem Schichtenprinzip erreichen, wobei T-Shirt, Hemd/Bluse, leichter Pullover, Faserpelzjacke und evtl. noch ein Anorak übereinander angezogen werden. Dafür ist bei der Wahl auf die jeweilige Größe der einzelnen Schichtlagen Rücksicht zu nehmen. Der Anorak muss also so groß bemessen sein, dass er alle anderen Schichten zudecken kann, gleichzeitig sollte er aber nicht einengen.

Meme Karma Thondup und Tsewang Gyalzen beschlagen ein Pferd. Die Hufeisen und Nägel nehmen die Karawanenführer mit.

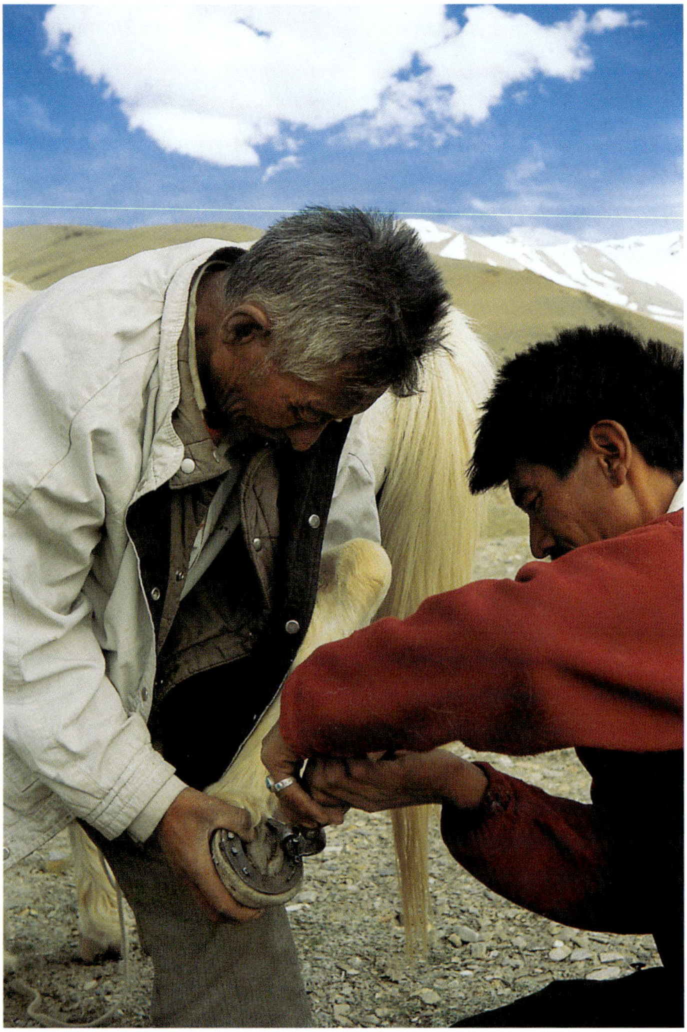

FASERPELZJACKE ODER PULLOVER

Eigentlich hat der klassische, dicke Wollpullover bei Aktivitäten im Gebirge ausgedient. Er wurde von der Faserpelzjacke ersetzt und ist heute mehr ein Mode- oder Nostalgieartikel geworden. Die Faserpelzjacke sollte sehr robust und dick sein und einen guten Schutz vor Wind und Nässe bieten. Sie sollte das Gesäß und die Hüften bedecken und einen robusten Reißverschluss aufweisen. Auch die Schulterpartien und die Ellbogen sollten mit robustem Deckgewebe oder warmer Fütterung besonders geschützt werden. Auch beim Oberkörper bilden die Gelenke jene Zonen, die am ehesten unter den klimatischen Einflüssen zu leiden beginnen. Deshalb muss praktisch dauernd darauf geachtet werden, ob sie gut genug geschützt sind.

GAMASCHEN

Auf Schneefeldern, Gletschern und in Sumpfgebieten sind Gamaschen nützlich. Sie sollten eng anliegen, aber nicht zu eng sein. Auf Grund der Abnutzung durch Scheuerung und Beschädigungsgefahr durch Steigeisen muss auf sehr robustes Nylongewebe, unter Umständen durch Lederaufsätze verstärkt, geachtet werden. Der Reißverschluss muss den Anforderungen gerecht werden. Die dazugehörige Führung und Litze muss auch dann bedient werden können, wenn man mit Handschuhen arbeiten muss.

Platz für 1000 Zelte: Friedliches Camp in Tisaling, Rupshu

HANDSCHUHE

Die Handschuhe müssen Wind und Kälte trotzen, von Vorteil sind hier auch Schichten. Ein winddichter, leichterer Fingerhandschuh (der auch diffizile Manipulationen bei extremen Bedingungen erlaubt) kann durch einen Überhandschuh (Fäustling) ergänzt werden. Bei Trekkings, die mehrheitlich in kalten Gebieten stattfinden, muss auch ein Paar Ersatzhandschuhe mitgeführt werden. Wie schnell sind Handschuhe verlegt oder werden in einem ungünstigen Moment einfach vom Wind weggefegt. Ein zweites Paar Handschuhe hat auch den Vorteil, dass man ein eventuell nass gewordenes Paar trocknen und schonen kann.

HEMDEN/BLUSEN

Hier sollten sowohl festere, eher dunkelfarbige, wie auch leichtere, hellere Exemplare mitgeführt werden. Die warmen Hemden/Blusen trägt man bei kühler Witterung, die luftigen bei Hitze. Vernünftig große Brusttaschen sind nützlich, sollten aber nicht unbedingt den Hauptbestandteil des Hemdes oder der Bluse bilden.

MÜTZE

Durch die starke Durchblutung der Kopfhaut tendiert der Mensch bei kalter Witterung dazu, am meisten Wärme über den Kopf zu verlieren. Warme Wollmützen, aber auch Mützen aus

Faserpelz, die gleichzeitig einen Schutz gegen Schnee und Regen bieten, sind deshalb dringend zu empfehlen. Die Mütze muss sofort nach Eintritt von Niederschlag und/oder einer gewissen Temperaturschwelle zum Einsatz kommen und den ganzen Kopf, die Ohren und die Stirnhöhlen effizient gegen Auskühlung und Nässe schützen. Ist der Kopf warm, ist es einfach, den Rest des Körpers warm zu halten. Die Mütze bildet bei kalten Nächten im Zelt auch einen sehr guten Schutz gegen die Auskühlung des Körpers. Die Mütze kann bei Bedarf zeitweise durch ein Stirnband ersetzt oder ergänzt werden.

PULLOVER ODER FASERPELZWESTE (DÜNN)

Diese sind einerseits als untere Schicht bei großer Kälte, anderseits als wirksamer Schutz bei angenehmeren Temperaturen zu empfehlen. Ein T-Shirt und/oder ein leichtes Hemd/Bluse in Verbindung mit einer kurzärmeligen Faserpelzweste ist oft bei kühleren, aber auch wärmeren Temperaturen die ideale Bekleidung.

SCHIRM ODER PELERINE

Eine Pelerine hat den Nachteil, dass sie zunächst übergezogen werden muss, darunter kommt man beim Gehen oft unangenehm ins Schwitzen. Ein kleiner Schirm ist sofort aufgespannt und hat immer im Rucksack Platz. Er ist jedoch weniger ideal, wenn der Regen von Wind

Gutes Wetter: Sorgenfreies Lager in Dzongri, Sikkim

begleitet wird. Bei heftigem Niederschlag bietet der Schirm in der Regel nur für Kopf und Oberkörper Schutz, die Beine müssten dann noch mit einer Über- oder Regenhose geschützt werden.

SHORTS

In wärmeren Gebieten sind kurze Hosen immer zu empfehlen. Beachten Sie aber, dass in gewissen Ländern Shorts verpönt sind. Oder es bestehen schlicht religiöse Widerstände dagegen. Zudem ist es nicht schicklich, unterwegs sakrale Gebäude in kurzen Hosen zu besuchen. Die Sensibilität gegenüber diesen Hemmnissen sollte man selbst aufbringen.

SOCKEN/STRÜMPFE

Diese sollten schon mehrmals gebraucht und gewaschen sein, bevor Sie damit auf eine Weitwanderung starten. Dunkle Farben und ein gefüttertes Fußbett sowie sehr robustes Material sind von Vorteil. Socken kann man unterwegs überall schnell waschen, also nicht zu viel davon mitnehmen.

SONNENBRILLE MIT ERSATZ

Schlechtes Wetter: Die Berge sind jederzeit für eine Überraschung zu haben. Zelte im sommerlichen Neuschnee in Likir, Ladakh.

Bei Trekkings bildet sehr oft die Sonne die größte Gefahr. Achten Sie auf eine optimal abdeckende Gletscherbrille mit Seitenschutz. Die Gläser sollten nicht zu dunkel sein, damit Sie sich auch im Schatten noch zurecht finden, ohne die Brille abziehen zu müssen. Der Seitenschutz ist Gewähr für eine gute Abdeckung der Augen gegen seitlich eindringendes Streulicht. Er bietet aber auch einen wirksamen Schutz vor Staub und Insekten. Die Sonnenbrille (und auch eine Ersatzbrille, denn nichts wird so oft verloren oder beschädigt wie Brillen) muss in einem widerstandsfähigen, aber nicht zu schweren Futteral aus Metall mitgeführt werden.

SONNENHUT

Er muss den Kopf gut vor der Sonneneinstrahlung schützen und wenn möglich den Nacken abdecken. Der Sonnenhut muss eine helle Farbe aufweisen und mit einem Kinnband befestigt werden können, damit er auch bei Wind seine Dienste versieht.

Tage-, ja wochenlang Sonne: Begegnung in Dolpo, Nepal

UNTERWÄSCHE

Auch hier sollten Sie die bewährte Ware mitnehmen und nicht auf dem Trek Versuche mit neuem Material unternehmen. Thermowäsche ist nützlich für die kalten Regionen dieser Welt. Nehmen Sie nicht zu viel Unterwäsche mit, denn auch diese kann man unterwegs waschen.

TOILETTENARTIKEL

Ein kleines Toilettensäckchen sollte mindestens enthalten: Seife, Shampoo, Zahnstocher, Sonnencreme, Lippenschutz, Zahnpasta, Zahnbürste, daneben zusätzliches Material für Ihre persönliche Hygiene und Bedürfnisse. Achten Sie hier auf kleine Stücke und Behältnisse.

REISEAPOTHEKE

Mehrere Teilnehmerinnen und Teilnehmer einer Gruppe können gemeinsam, am besten in Zusammenarbeit mit einem Apotheker oder einem Arzt, eine kleine Reiseapotheke zusammenstellen. Diese sollte Medikamente enthalten gegen: Verstopfung, Durchfall, Fäulnisbildung im Magen- und Darmtrakt, Insektenstiche, Juckreiz, Sonnenbrand, schwere Entzündungen (Antibiotika), Schwäche (Traubenzucker, Salzlösungen), Husten, Schnupfen, Fieber, Augenentzündungen, Kopfweh, Zahnweh, Schlafstörungen, Gelenkschmerzen, Muskelschmerzen, Reisekrankheit, Vitaminmangel, Hautpilze. Daneben leisten elastische Binden und eine Rettungsdecke im Notfall nützliche Dienste. Dies ist eine universelle Auswahl jener gesundheitlichen Probleme, die am häufigsten bei Trekkings vorkommen. Je nach Zielgebiet verschieben sich natürlich die Prioritäten. Wegen Beschädigungsgefahr lohnt es sich unbedingt, diese Medikamente in einem stoßfesten Behältnis (Plastikbox, leichter Metallbehälter) mitzuführen.

ERSTE-HILFE-SET

Jedes einzelne Mitglied einer Trekking-Gruppe muss in seinem Rucksack ein Erste-Hilfe-Set mitführen. Darin sollten enthalten sein: Pflaster in verschiedenen Größen, Heftpflaster, Blasenpolster, Desinfizierungsmittel, Pinzette, Schere, Verbandtuch, Gazebinde, elastische Binde mit Verschluss, Sicherheitsnadeln, Bleistift.

SONNENCREME

Hier ist immer ein sehr hoher Schutzfaktor mit genügendem UVA- und UVB-Filter oder sogar Blockschutz gefragt. In den Gebirgen herrscht meist klare Luft und die Sonneneinstrahlung ist deshalb wesentlich intensiver als in den Gefilden des Flachlandes, wo das Sonnenlicht durch Industrie und Verkehrsstaub stark »gefiltert« wird. Denken Sie daran, dass Sie auf einer Weitwanderung tage-, ja wochenlang der Sonne ausgesetzt sein können. Ein ungenügender Schutz kann in der heutigen Zeit sehr gefährlich sein und Ihre Haut bleibend schädigen. Vermeiden Sie vor allem Sonnenbrände und benutzen Sie die Schutzcreme immer, auch bei

Kuppelzelt auf einem kleinen Platz in Lahoul, Indien

Am Schluss muss das gesamte Material Platz finden. Packsättel auf, Packseile bereit …

weniger sonnigem Wetter und vor allem auch bei Nebel oder leichtem Schneefall. Die Sonnencreme ist auch ein guter Schutz gegen das Austrocknen der Haut und gegen Kälte, Wind und Wetter.

TASCHENMESSER

Es soll nicht zu schwer sein, aber zumindest eine gute Klinge, eine Schere, eine Ahle und einen Büchsenöffner aufweisen. Taschenmessen und andere »Waffen«, wie Scheren, Pinzetten, Wanderstöcke, Pickel etc. gehören übrigens bei Flugreisen immer in das eingecheckte Gepäck und nie in das Handgepäck!

TRINK- ODER THERMOSFLASCHE

Sie sollte nicht zu groß sein, ein Inhalt von sieben Dezilitern ist genug, denn oft kann man unterwegs die Flasche mit Trinkwasser oder einer Lösung wieder auffüllen. Bei längeren Etappen kann der Hauptkonsum aus der Flasche auch auf die zweite Tageshälfte konzentriert werden.

WANDERSTÖCKE

Diese helfen sehr, die Beingelenke entscheidend zu schonen. Zwei Stöcke können Fuß-, Knie- und Hüftgelenk ganz enorm entlasten. Beim Aufstieg sind sie eine Hilfe, das Gleichgewicht zu behalten, im Abstieg vermitteln sie Sicherheit und entlasten die neuralgischen, stark belasteten Punkte des Körpers. Das Gewicht des Körpers und des Rucksacks wird durch die Stöcke ganz wesentlich auch auf den Oberkörper verlagert. Der Gebrauch und der Einsatz der Wanderstöcke will aber geübt sein! Um den Gleichgewichtssinn zu trainieren und zu behalten, können Sie ruhig zwischendurch eine leichte Etappe ohne Stöcke in Angriff nehmen.

... noch ein Knoten, dann sitzt die Bagage. Die Karawane zieht weiter durch Changthang.

Rucksack

Die Wahl des Rucksacks hängt natürlich davon ab, ob Sie individuell trekken, von Hütte zu Hütte wandern oder sich einer Karawane anschließen. Trägt man alles selbst, hat dies selbstverständlich Konsequenzen für die Größe (und das Gewicht!) des Rucksacks. Der Rucksack soll von Funktionalität beherrscht sein. Zu viel Krimskrams, Bändel, Schlaufen, Taschen, Verschlüsse und Nähte belasten oft mehr, als sie nutzen. Klare Formen sind gefragt. Die Passform ist natürlich sehr individuell. Rucksäcke, die den einen optimal am Körper liegen, verursachen bei anderen Rücken-, Nacken-, Achsel- und andere Schmerzen. Ein eng anliegender Rucksack hat in kalten Regionen und großen Höhen den Vorteil, den Rücken zu wärmen, in wärmeren Gebieten schwitzt man natürlich dort entsprechend. Ein Rucksack mit einem Netzrücken bietet in der Kälte weniger Isolation, ist jedoch bei Hitze angenehmer zu tragen. Der Rucksack will erprobt sein. Vor einem Trek will er etliche Male mit Volllast getragen sein, nur so können Sie sich mit ihm anfreunden und vor allem auch seine Dynamik am Körper ergründen und erahnen, bevor Sie sich in die Berge oder die Wildnis und auf schwierige Pfade wagen. Das Gewicht ist der Feind des Trekkers. Beim individuellen Trek wird das Gewicht, das Sie herumtragen, zwangsläufig beträchtlich sein. Deshalb muss bei der Materialauswahl und beim Packen sehr streng auf das Gewicht und auch auf das Volumen geachtet werden.

Beim Karawanen-Trek oder beim Trek von Hütte zu Hütte fallen Lebensmittel, Kocher, Schlafsack, Zelt und vieles andere mehr weg. Sie können sich im Prinzip auf einen Rucksack von 30 bis 35 Litern Inhalt beschränken. Das Hauptgewicht der Ausrüstung wird überflüssig (von Hütte zu Hütte) oder wird von Trägern, Tragtieren oder Fahrzeugen transportiert. Deshalb spielt das Gewicht und das Volumen in geringerem Maße eine Rolle als beim Individualtrek. Größere Rucksäcke ziehen die »Lust« des Wanderers nach sich, ihn rücksichtslos füllen zu wollen. Wählen Sie deshalb für den Karawanen-Trek bewusst einen kleinen Tagesrucksack in der beschriebenen Größe aus. Darin muss lediglich Platz haben: Mütze, Handschuhe, Schirm, Hemd/Bluse oder T-Shirt, Faserpelz, Trinkflasche, Kamera, Seife, Sonnenbrille, Sonnencreme, Lippenschutz, erste Hilfe. Der Rest muss im Seesack Platz finden. Beim Trek von Hütte zu Hütte sollten 35 Liter ebenfalls genügen. Falls nicht alles darin Platz hat, muss man sich ernsthaft überlegen, ob man nicht zu viel Ware dabei hat. Wie erwähnt: Das Gewicht ist der schlimmste Feind des Trekkers!

Bei Wind und Wetter ist das Kochen auf engstem Raum eine kleine Kunst. Ang Temba Sherpa in seiner improvisierten »Küche« in Zanskar.

Kuppelzelte: Leicht, schnell aufgestellt, schnell verschoben, schnell abgebaut. Die Apsis enthält zusätzlichen Stauraum für den Seesack.

Seesack

Der Seesack kommt hauptsächlich beim Karawanen-Trek zum Einsatz. Er dient zum Verstauen von Ersatzkleidung, Rollmatte und Schlafsack. Er sollte aus sehr robustem Segel- oder Nylontuch genäht sein. Starke Ösen als Verschluss haben sich bewährt. Eher heikel sind Reißverschlüsse, die – einmal defekt – Ärger bereiten können. Der Seesack soll 100 bis 120 Liter Inhalt haben. Es lohnt sich, die einzelnen Kleidungsgattungen in separaten Plastiksäcken im Innern zu verstauen. Man findet die Ware schneller und diese ist gegen Feuchtigkeit, Nässe und Staub geschützt. Unterwegs sollte darauf geachtet werden, dass jenes Material, das täglich gebraucht wird (z.B. Schlafsack, Rollmatte) zuoberst verstaut wird. Zu zweit kann man zwei Seesäcke teilen, indem man im einen die täglich gebrauchte Ware verstaut, im anderen jedoch Dinge, die nicht alltäglich gebraucht werden. Dadurch und mit dem Versuch, nicht jeden Abend eine komplette Auslegeordnung zu veranstalten, vermindert sich der Such- und Packaufwand auf ein sehr erträgliches, zeitlich beinahe zu vernachlässigendes Minimum. Denken Sie daran, dass der Seesack, wenn er auf den Rücken von Trägern oder Tragtieren mitgeführt wird, täglich arg zusammengeschnürt wird. Heikle und zerbrechliche Ware muss deshalb besonders geschützt werden. Ganz unten, genau in der Mitte und ganz oben sind die Zonen des Seesacks, die am wenigsten an diesen Abschnürungen leiden. Der Seesack kann auch durch eine robuste Tasche ersetzt werden, jedoch darf diese nicht allzu viel Riemchen und dergleichen aufweisen. Den Nachteil von zu viel Bändeln werden Sie schon am Flugplatz erfahren. Solche verheddern sich dort nämlich allzu oft in den Gepäcksortieranlagen.

WICHTIG

Selbst erfahrene Trekker tendieren dazu, viel zu viel Material mitzunehmen. Packen Sie deshalb immer sehr kritisch ein. Bedenken Sie, dass Sie Kleider unterwegs waschen können.

Schuhe

Nun kommen die wichtigsten Ausrüstungsgegenstände eines Treks. Wenn man nicht im Schlafsack steckt, steckt man bei einem Trek in den Schuhen! Die Schuhe sollten deshalb nicht zu schwer sein, nicht zu leicht, einen guten Halt bieten und eine kräftige, griffige, aber nicht allzu harte Sohle aufweisen. Die meisten Trekking-Touren sind reine Wanderungen ohne größere oder längere technische Schwierigkeiten. Es genügt also ein leichter Bergschuh oder ein Trekkingschuh. Jene aus Leder haben den Vorteil, auf längeren Unternehmungen hygienischer zu sein, aber den Nachteil, langsamer zu trocknen als solche aus Gore-Tex, wenn sie verschwitzt oder nass werden. Der Schuh sollte erprobt, aber nicht zu alt sein. Er darf keine Blasen und keine Druckstellen verursachen. Ersatzschnürsenkel werden nur immer dann gebraucht, wenn man sie zu Hause vergisst. Zum Trekkingschuh gehören Socken oder Strümpfe, die keine Scheuerstellen verursachen und ebenfalls eingetragen und erprobt sind. Als Schuh für den Abend kann man noch ein Paar Turnschuhe oder Sandalen mitführen, damit gönnen Sie den Trekkingschuhen eine Pause und die Gelegenheit auszutrocknen. Wenn der Schuh nicht passt, verliert der Trek schlagartig an Genusswert!

Dies ist ein Zopkyo (Hybrid zwischen Yak und Rind). Es ist im Himalaja als genügsames Packtier bekannt und kann Lasten bis 80 Kilogramm tragen.

Schlafsack

Wie gesagt, wenn man nicht in den Schuhen steckt, steckt man beim Trekking im Schlafsack. Dieser Gegenstand muss ebenfalls außerordentlich sorgfältig ausgewählt werden. Schlafsäcke benötigt man in der Regel für die individuelle Variante und für den Karawanen-Trek, während in Hütten oft ein Seiden- oder Leinenschlafsack genügt. Beim individuellen Trek zählt natürlich das Gewicht und das Volumen des Schlafsacks. Jener aus Daunen ist leichter und lässt sich enger zusammenrollen, deshalb eignet er sich für den Trekker, der alles Material selbst zu tragen gewillt ist. Jener mit einer Füllung aus Kunststoff hat den Vorteil, weniger empfindlich gegen Nässe zu sein und schneller zu trocknen. Er ist aber generell schwerer und nimmt vom Umfang her mehr Platz in Anspruch. Dies ist jedoch bei einem Karawanen-Trek weniger von Belang. Der Schlafsack darf nicht nur ein Komfortartikel sein, sondern er muss unbedingt gegen tiefe Temperaturen schützen, falls solche auf der gewählten Route zu erwarten sind. Vom Wohlbehagen während der Nacht hängt der Erfolg des Treks vollständig ab. Frierende Trekker kommen nicht weit. Die Wirkung des Schlafsacks kann bei Extremwerten noch erhöht werden, indem man für ausreichende Isolation gegen (in den Gebirgen meist) kalten Boden sorgt und die Fußpartie zusätzlich mit einer Faserpelz- oder Daunenjacke abdeckt. Der gute Schlafsack hat eine geräumige Kapuze, eine Wollmütze verhindert wirkungsvoll eine zusätzliche unnötige Auskühlung des Körpers.

Zelt

Beim individuellen Trek und beim Karawanen-Trek kommen in der Regel Zelte zum Einsatz. Auch hier bestimmt die Auswahl der Trekking-Variante das Zelt mit. Beim individuellen Trek genügt oft ein kleines Leichtzelt, während auf den langen Karawanen-Treks eher Komfort, Platz und Gemütlichkeit gefragt ist. Kuppelzelte sind generell leichter, traditionelle A-Form- oder Firstzelte jedoch robuster. Die Zelte sollten ebenfalls funktionell gestaltet sein und innerhalb von Minuten errichtet werden können, was besonders bei hereinbrechenden Unwettern von Vorteil sein kann. Ganz besonders muss auf sehr robuste und widerstandsfähige Reißverschlüsse geachtet werden. Der Reißverschluss des Zelteingangs ist oft jene Stelle, wo am ehesten und am schnellsten Probleme und Schäden zu verzeichnen sind. Die Abstände zwischen Innen- und Außenzelt sollten überall gleichmäßig fixiert werden können, Ersatzstangen und Flickzeug sind kein Luxus. Das Zelt sollte genügend lang sein und auch Platz bieten für Rucksack, Seesack und Schuhe. Generell sollte darauf geachtet werden, dass möglichst keine Ausrüstung draußen aufbewahrt werden muss: Diebstahlgefahr, Tau, Nässe und Hitze sind hier als Gründe zu nennen. Ein Einerzelt mit einer Person ist oft ein paar Grade kälter als ein mit zwei Personen besetztes Doppelzelt. Bei anhaltenden Regenschauern und Gewitterstürmen droht meistens, dass das Wasser von oben (entlang den Stangen, Nähten oder Zeltbahnen) und/oder von unten (durch den Boden oder die Nähte) eindringt. Dies macht manchmal kleine Kanäle rund um das Zelt nötig. Achten Sie bitte darauf, dass die dadurch ausgegrabenen Rasenziegel und der Humus beim Verlassen des Zeltplatzes wieder in die Gräben gefüllt und diese damit völlig zugedeckt werden, damit nicht binnen kurzer Zeit ein ganzes Wirrwarr von Gräben den Zeltplatz verunstaltet. Das Gleiche gilt übrigens für das Innere des Toilettenzeltes.

INTERESSANT

Testen Sie unterwegs folgende Alternativen zum Zelt, um dem Nomaden in Ihnen einen besonderen Gefallen zu tun:
– Übernachtung in einer Höhle
– Übernachtung unter freiem Himmel

Firstzelte: Robust, beliebt und einfach. Es ist Abend in Ghanpokhara, Nepal, verschiedene Gegenstände harren noch der Trocknung.

5 Ernährung

Welche Regeln gilt es, bei der Ernährung zu beachten? Was ist bekömmlich und was sollte man eher meiden?

Wie bei allen Sportarten, und besonders bei den Ausdauerdisziplinen, spielt die Ernährung eine entscheidende Rolle. Nun können aber auch in dieser Sparte keine generellen, allgemein gültigen Empfehlungen abgegeben. Die Ernährung hängt stark davon ab, welchen Trek und welche Trekking-Methode Sie wählen, welches Land Sie besuchen und welche Anstrengungen, Schwierigkeiten und Höhenlage zu erwarten sind und schließlich, welches Ihre persönlichen Präferenzen sind. Bei Trekkings in heimischen, europäischen Gefilden ist es relativ klar, was Sie erwartet. Auf Grund des Angebotes können Sie dort den Ernährungsplan sehr individuell und spontan gestalten. Beschränken wir uns deshalb auf überseeische Gebiete, wo doch eine andere Esskultur gepflegt wird. Vegetarisches, gewürztes Essen herrscht dort vor, darauf muss man sich einstellen. Dies geschieht am besten schon vor dem Trek.

Mais bildet in vielen Trekkinggebieten ein wichtiges Grundnahrungsmittel.

Ernährung vor dem Trek

Ihr Organismus wird bei einer Reise nach Übersee schon zur Genüge strapaziert: lange Flugreise, Zeitumstellung, drastischer Klimawechsel, Umstellung in Ernährung und Lebensrhythmus und eventuelle Komplikationen durch den direkten Anflug auf hoch gelegene Ausgangspunkte. Bei der Ernährung kann vorgebaut werden, indem man schon vor der Abreise auf »Trekking-Kost« umstellt. Diese besteht in überseeischen Regionen in der Hauptsache aus *vegetarischen* Gerichten. Basis bilden Reis, Kartoffeln, Getreidespeisen (Mais, Hirse, Buchweizen, Weizengrieß etc.), Teigwaren und Brotfladen. Dazu werden Gemüsegerichte und *pflanzliche Eiweiße* (Linsen oder verschiedene Arten von Bohnen) gereicht. Meist muss aber auf Eier und Käse nicht verzichtet werden. Eine Umstellung auf eine eher vegetarisch ausgerichtete Küche zu Hause kann vor der Abreise bereits geschehen, am besten bereits in der Trainingsphase, um die Auswirkungen der Ernährung auf die Leistungsfähigkeit zu testen. Achten Sie vor allem auf eine ausgewogene, leicht verdauliche Ernährung mit viel frischem, knackig gegartem Gemüse und vielen verschiedenen Früchten. Alle Linienfluggesellschaften bieten zudem auf der Reise vegetarische Gerichte an, man muss dies bei der Buchung aber anmelden, dass man vegetarisches Essen wünscht. Vergessen Sie auch nicht, sich an eine regelmäßige, genügende Flüssigkeitsaufnahme zu gewöhnen.

Der Koch Tenzing wendet seine Pfannkuchen im Langtang-Tal, Nepal.

Ernährung während des Treks

Auf Trekkings und Reisen in fernen Kontinenten bildet meist der Magen-Darm-Trakt die Hauptsorge der Touristen. Immer wieder taucht die Frage auf: »Was darf man essen?« Bei der Ernährung gilt, was für die restlichen Belange des Daseins auch gilt: Maß halten! Es ist nicht unbedingt eine Frage des »Was«, sondern des »Wie viel«. Besonders in den Ländern des Südens sind zusätzliche Vorsichtsmaßnahmen nötig. Dort wird die einheimische Küche von einer ganzen Anzahl von Gewürzen und Beigaben beherrscht, welche wir hier nie oder nur ganz selten verwenden, und wenn, in geringeren Mengen als dort. Wir unsererseits sind es gewohnt, sehr salzig zu essen, was in den fernen Trekking-Ländern weniger oder gar nicht der Fall ist. Dies bedingt natürlich eine drastische Umstellung, die nicht selten in einem zeitlich überschaubaren Rahmen von gewissen Begleiterscheinungen (Unpässlichkeit, Appetitlosigkeit, Verstopfung, Durchfall) begleitet wird. Generell kann eigentlich alles gegessen werden, was geschält, gekocht oder (mit sauberem Wasser) gewaschen wird. Bei Fleischgerichten sollte man eher Vorsicht walten lassen. Lediglich in sehr guten Lokalen und bekannten Hotels ist der Verzehr von Fleisch, Fisch und Geflügel angezeigt, sonst wende man sich lieber (und mit weniger Nachwehen) der vegetarischen Küche zu.

> Jede Umstellung, die zu Hause schon vollzogen wird, muss nicht auf der Reise nachvollzogen werden.

Täglich frisches, knackiges Gemüse: Der schwimmende Markt auf dem Dal See in Srinagar, Kaschmir

Abgerundete Mahlzeit: Teegärten in Darjeeling

Die konsequente vegetarische Ernährung auf einem Trek trägt außerordentlich zum Wohlbefinden bei. Die Gerichte sind leicht und mit wenig oder gar keinem Öl gekocht, liegen nicht im Magen und versorgen den Körper mit Vitaminen, Ballaststoffen und pflanzlichem Eiweiß. Die Kohlenhydrate dazu stammen aus den Basisprodukten (Reis, Getreide, Teigwaren etc.). Der Verbrauch von Kohlenhydraten auf einem langen Trek ist natürlich beträchtlich. Deshalb werden die »Beilagen« eigentlich zum Zentrum der Mahlzeit. Auch werden Sie immer Appetit haben nach heißen Suppen und salzhaltigen Speisen. Dies ist eine Folge des Salzverlustes durch das Schwitzen. Früchte runden den Speisezettel ab, der für eine solche Leistung als genügend bis sehr gut bezeichnet werden kann. Nach dem Sie sich an eine gesunde, harmonische vegetarische Nahrung auf dem Trek gewöhnt haben, werden Sie eigentlich das Fleisch nicht mehr vermissen. Am Ende des Treks (und auch zu Hause) sollten Sie deshalb mit dem Fleischkonsum noch eine Weile zurückhalten. Eine allzu abrupte Umstellung auf eine nichtvegetarische, von Fleisch beinahe beherrschte Küche kann wieder die bekannte Unpässlichkeit hervorrufen, die vor allem auf langen Flugreisen unangenehm ist.

Deftige Gerichte sollte man eher meiden. Wohl fühlt man sich bei leicht verdaulicher Kost.

Beim individuellen Trek bildet der Zugang zu Frischware auf vielen Trekkings ein Problem. Befindet man sich in bewohnten Gebieten, so dürfte dies kein größeres Hindernis sein, aber in unbewohnten Regionen muss die Frischware oft durch Konserven oder verpackte Ware ersetzt werden. Diese Ernährung kann trotz aller Fortschritte in der Lebensmittelindustrie eigentlich längerfristig den Ansprüchen eines Trekkings nicht genügen. Eine ausgewogene Ernährung ist das Grundelement für eine konstante Leistungsfähigkeit.

6 Planung und Orientierung

Welches Ziel soll ins Auge gefasst werden? Welches Land, welche Region, welches Gebirge kommt meinen Neigungen und meiner körperlichen Leistungsfähigkeit am besten entgegen? Zu welcher Jahreszeit besucht man mit Vorteil das Zielgebiet? Welche Philosophie soll der Planung zu Grunde gelegt werden? Wie finde ich mich an einem fremden Ort zurecht?

Welches Ziel?

Das oberste Ziel soll immer der Weg sein. Wo sich dieser Weg schließlich befindet, ist eher sekundär. Trekking ist eine anspruchsvolle alpinistische Disziplin, nebst den sportlichen Anforderungen locken eine Menge geistiger Beschäftigungen. Es liegt deshalb auf der Hand, dass ein Trekking-Anfänger sich eher in heimischen Gefilden auf kürzeren Treks langsam mit der Philosophie dieses »Wanderns mit Inhalt« vertraut macht, bevor er zu Weitwanderungen oder zu herzhafteren Treks in den hohen Gebirgen in Übersee aufbricht. Das Auswahlverfahren für einen Trek hängt deshalb sehr von der Erfahrung, den sportlichen Ambitionen, den geistigen Interessen und vom Zeit- und Budgetrahmen ab, in welchen man eine solche Unternehmung stellen möchte. Die Entscheidungsfindung sollte sich etwa ein Jahr vor der Abreise konkretisieren, um allen Vorbereitungen wirklich gerecht werden zu können. Allerdings sind solche Vorstellungen heute eher zu einem Wunschtraum geworden, mehr und mehr Wanderer entscheiden sich auf Grund ihrer beruflichen Verpflichtungen immer kurzfristiger.

Orientierung im Dschungel: Wo geht es weiter?

Trekking will gelernt sein, und es ist viel besser, das Lehrgeld dafür in heimischen Gefilden zu zahlen, als sofort zu den höchsten Zielen dieser Welt aufzubrechen. Trekking eignet sich außerordentlich gut dafür, eine mittel- und langfristige und sehr nachhaltige Betätigung für einen Alpinisten zu sein. Deshalb lohnt sich ein kontinuierlicher Aufbau: längerfristig gesehen für die gefahrlose und beschwingte Bewältigung von wirklich großartigen Trekking-Routen, kurzfristig um eben diesen Trekking-Urlaub als Höhepunkt des alpinistischen Jahres begehen, ja »feiern« zu können.

In Kapitel 10 geben wir Ihnen einige Hinweise über die Beschaffenheit und die Voraussetzungen in den wichtigsten Trekking-Zielen dieser Erde. Bei der Auswahl des Zieles kommt aber noch ein wichtiges Kriterium dazu: die politische Lage. Leider sind in den letzten Jahren immer mehr einstmals hervorragende, einmalige Trekking-Gebiete in den Strudel politischer Wirren und damit ins menschliche und wirtschaftliche Chaos gezogen worden. Diese Gebiete

Am Ziel! Der Gipfel des Gokyo Peak, 5330 m, im Khumbu Himal, Nepal.

eignen sich heute nicht mehr unbedingt für einen Urlaub. Nun können sich solche Rückschläge auch wieder umkehren in eine positivere Phase, ein ehemals eher zweifelhaftes, von Krieg und Krisen geschütteltes Ziel kann unvermittelt wieder zum Renner werden. Konsequenterweise bildet die Informationsbeschaffung über das politische Umfeld eines potenziellen Zielgebietes eine wichtige Voraussetzung für die Wahl.

Dauer und Jahreszeit

Nördliche Hemisphäre: Der einsame Loch Quoich in den Highlands, Schottland

Vor wenigen Jahren noch waren die wirtschaftlichen Verhältnisse in Mitteleuropa derart günstig, dass viele Menschen ohne Bedenken drei, vier oder sogar noch mehr Wochen am Stück Urlaub machen und der Arbeit fern bleiben konnten. Heute ist dies grundlegend anders. Längere Urlaube sind nur noch das Privileg von Aussteigern und Frührentnern. Somit engt sich der Aktionsradius des Einzelnen wegen beruflicher Bindungen und entsprechender Rücksichtnahme mehr und mehr ein. Daraus ergibt sich zwangsläufig ein ernsthaftes Dilemma: Der Weg zur Realisation von längeren, anspruchsvollen Trekking-Touren in großen Höhen und in Übersee, die notgedrungen viel Zeit in Anspruch nehmen, wird immer dornenreicher und schwieriger. Es gibt eine Unmenge von sehr reizvollen Trekking-Routen, welche jedoch mindestens drei bis vier oder vernünftigerweise sogar fünf Wochen beanspruchen. Dieses Zeitfenster ist vorgegeben, sind doch die Wegstrecken einfach nicht in weniger Tagen zu bewältigen. Oder aber die einzuhaltenden Ruhephasen während der Höhenakklimatisation bedingen einfach eine entsprechende Planung. Bei längeren Reisen kommt weiter hinzu, dass man immer ein verstecktes (oder offenes) zeitliches Polster einplanen muss, um auftretende Risiken und Verzögerungen umschiffen zu können, ohne gleich sofort am Programm selbst Abstriche machen zu müssen.

Die zu wählende Jahreszeit hängt wiederum sehr stark von den lokalen meteorologischen Gegebenheiten im Zielgebiet ab. Während in Europa und Nordamerika der Sommer und zu einem gewissen Maße der Herbst für solche Unternehmungen geeignet ist, verlagern sich in der südlichen Hemisphäre die besten Reisezeiten eher in die

ACHTUNG

Urlaub hat etwas mit Erholung zu tun. Und erholen kann man sich nur, wenn die Hektik unseres Lebens abgestreift wird. Hektische Ferien sind keine Erholung.

Monate Dezember, Januar und Februar. In den Subtropen wiederum gilt es, den Einfluss des Monsuns zu berücksichtigen, der ein ernst zu nehmendes Hindernis für eine Trekking-Tour darstellen kann. In den Regenzeiten verwandeln sich die Wege, die Flüsse und die Landschaft in eine misanthropische Szenerie, welche weit entfernt liegt von der Wunschvorstellung des Reisenden, möglichst angenehme, trockene und stabile Wetterverhältnisse anzutreffen. Ein Monsun-Trek ist zwar einerseits eine besondere, nicht ganz reizlose Herausforderung, verlangt andererseits jedoch eine große moralische und physische Stärke. Je nach Zielgebiet liegt die Reisezeit nicht in den mitteleuropäischen Urlaubszeiten, was Vorteile und Nachteile nach sich ziehen kann. Die lückenlose Information und klare Bestandsaufnahme der Wetterverhältnisse vor Ort gehört deshalb unbedingt zum Vorbereitungsprozess und zum Auswahlverfahren schlechthin.

Subtropen: Bergwald im Tal des Dudh Khola, Nepal

Ambitionismus

Es gibt eine Krankheit, die mit Medikamenten nicht kurierbar ist. Sie heißt »Ambitionismus«. Die meisten Reisenden leiden darunter: Sie sind zu ehrgeizig und wollen deshalb in viel zu wenig Zeit viel zu viel »machen«. Reisen, Trekken und auch Berge besteigen soll immer ein Genuss bleiben und kein Wettlauf mit der Uhr, keine Überlebensübung werden. Eine Trekking-Reise ist mit Bestimmtheit nicht der richtige Anlass, den Ehrgeiz auszuleben oder nach Leistungen zu streben, vor denen andere zurückschrecken. Ohne die *nötige Muße* werden alle Reisen zum körperlichen und geistigen Stress. Planen Sie deshalb von Anfang an großzügig, gönnen Sie sich unterwegs Ruhetage und versuchen Sie auf keinen Fall, einen Trek in weniger Tagen als gemeinhin üblich zu bewältigen. Vergessen Sie nicht, Reservetage einzuplanen, wie schnell können eine Verspätung, ein verzögerter oder ausgefallener Flug, ein Schlechtwettereinbruch, eine Erkrankung oder das Auftreten von logistischen oder administrativen Problemen deren Berechtigung in Erinnerung rufen. Und je mehr Reservezeit Sie haben, desto flexibler und spontaner können Sie auf irgendwelche Überraschungen – auch

Die Orientierung wird beim Karawanen-Trek von den Führern und den Tragtieren sichtlich erleichtert …

positiver Art – reagieren. Beachten Sie auch, dass etwas Reservezeit möglichst bis zum Schluss zur Verfügung bleibt. Verzögerungen können sich bis zur letzten Minute ereignen. Ein Trek soll – besonders was den zeitlichen Ablauf betrifft – sehr moderat geplant werden. Lieber weniger »machen«, dafür mit mehr Tiefgang.

Karte, Kompass, Höhenmesser, GPS

Die Orientierung ist ein weiterer Schlüssel zum wirklich erfolgreichen Trekking! Wenn Sie nicht wissen, wo Sie sind, wissen Sie nicht, woher Sie kommen, und auch nicht, wohin Sie gehen. Generell leisten gute Landkarten in einem vertretbaren Maßstab in Verbindung mit einem funktionierenden Kompass, einem Höhenmesser und/oder einem GPS-Gerät (Global Positioning System) hervorragende Dienste bei der Orientierung in unbekanntem, unvertrautem Gelände. Grundvoraussetzung dafür ist jedoch, dass man diese technischen Geräte sowie deren Interaktion beherrscht und deren Angaben zu interpretieren und umzusetzen weiß.

Der Trekker wird vor allem bei der individuellen Variante mehr gefordert als zum Beispiel beim Karawanen-Trek, wo in der Regel einheimische, wegkundige Führer und Helfer dabei sind. Bei einem individuellen Trek im Hochgebirge oder in der Wildnis muss der Orientierung große Bedeutung beigemessen werden. Die Grundlage für diese besteht in der Routenwahl im Vorfeld der Reise und der Vorbereitung auf die zu erwartenden Schwierigkeiten und speziellen

Verhältnisse. Die eigentliche Orientierung vor Ort ist die logische Umsetzung der gründlichen Studien, die man zu Hause unternommen hat. Oft treten dann gewisse Ungenauigkeiten und Irrtümer in der häuslichen Beurteilung zu Tage. Diesen muss vor Ort mit der entsprechenden Ruhe und Gelassenheit auf den Grund gegangen werden. Man geht nie so schnell und so weit, wie wenn man falsch geht!

Landkarte

Die Karte sollte einen möglichst großen Maßstab aufweisen. Mit Karten 1:25000 (1 Zentimeter auf der Karte = 250 Meter in der Natur) ist eine sehr gute Orientierung im Gelände möglich, bei längeren Wanderungen muss man jedoch eine ganze Menge dieser Karten mitführen. Bei 1:50000 (1 cm = 500 m) wird es schon etwas schwieriger, sich zu orientieren. Karten mit noch kleinerem Maßstab können als Übersicht dienen, stellen aber nur noch bedingt eine echte Orientierungshilfe im Gelände dar. Zeichnen Sie vor der Tour die beabsichtigte Route ein und folgen Sie dieser. Orientieren Sie sich an alle bedeutenden Merkpunkte unterwegs: Gipfel, Hügelkuppen, Pässe, Felswände, Wald, Weiden, Felder, Dörfer, Einzelhöfe, Hütten, Bäche, Brücken, Seen etc. Sie müssen immer genau wissen, wo Sie sich befinden. Auf unübersichtlichen Abschnitten und in unbekannten Gegenden nutzt die Karte im Rucksack nicht viel, sie gehört in die Hand. In vielen Ländern Afrikas, Asiens und Südamerikas gibt es entweder gar keine brauchbaren Wanderkarten oder die im Handel erhältlichen Karten sind nur bedingt für die Orientierung im Gelände geeignet. Dort ist man

... und auch das Nachtlager wird so schneller gefunden. Pferde in Hemis Sukpachan, Ladakh.

in vermehrtem Maße auf die Routenbeschreibungen in einschlägigen Publikationen und Informationen von Einheimischen angewiesen. Beim Karawanen-Trek wird die Orientierung von den einheimischen Führern sichergestellt. Unterhalten Sie sich regelmäßig mit diesen, um die Übersicht zu behalten. Zumindest die richtige Reihenfolge der wichtigsten Dorf- und Flurnamen auf dem Weg zum Tagesziel sollten abgesprochen und bekannt sein. Da in den meisten südlichen Ländern Wegweiser nur ganz selten oder sogar gar nicht zur Verfügung stehen, muss innerhalb der Gruppe, falls diese – was üblich ist – nicht gemeinsam marschiert, auch ein entsprechendes Orientierungsmittel abgesprochen und geübt werden: der Pfeil auf dem Weg. Mit einem Wanderstock, Pickel, Stein oder auch mit den Schuhen kann der Wegkundige bei einer Wegverzweigung die richtige Richtung mit einem oder mehreren Pfeilen markieren. Voraussetzung ist natürlich, dass die Nachfolgenden bemerken, dass es sich um eine Wegverzweigung handelt, und den Pfeil (oder noch besser die Pfeile, weil einer meistens nicht reicht!) auch sehen. Das ist nicht so selbstverständlich und muss geübt werden!

Die Welt ist ein riesiger Dschungel. Das persönliche Orientierungsvermögen will geschult sein ...

Kompass und GPS

Bei schlechter Sicht reicht die Karte allein nicht mehr. Der Kompass, in der Seefahrt ein Instrument von elementarer Bedeutung, ermöglicht es, ein (unsichtbares) Ziel ohne weitere Anhaltspunkte im Gelände anzupeilen. Die Nadel des Kompass richtet sich nach dem Magnetfeld der Erde aus, sie zeigt nach Norden. Nach Norden? Genauer gesagt zeigt sie uns die Richtung zum magnetischen Nordpol, dieser befindet sich jedoch nicht am gleichen Ort wie der geografische Nordpol, sondern im Norden Kanadas. Der magnetische Nordpol wandert auch, derzeit befindet er sich im Archipel der Queen-Elizabeth-Inseln. Die Kartografen kennen nicht weniger als drei Nordrichtungen: Kartennord (in der Regel die Richtung der Kartenoberkante), geografisch Nord (die Richtung zum geografischen Nordpol) und magnetisch Nord (die Richtung zum magnetischen Nordpol). In Mitteleuropa kann der Unterschied zwischen geografischem und magnetischem Nordpol vernachlässigt werden. Auf Grund der Ungleichmäßigkeit des terrestrischen Magnetfeldes kann die Abweichung (Deklination oder Missweisung) in anderen Kontinenten größere Werte annehmen. In der Nähe der Pole, bei einer Massierung von Eisenteilen in der näheren Umgebung oder unter Starkstromleitungen versagt der Kompass seinen Dienst. Dort sind andere Navigatinsinstrumente gefragt. Eines dieser Hilfsmittel ist das GPS (Global Positioning System). Mittels Satellitenpeilung kann mit diesem Instrument

ACHTUNG

Vertrauen Sie nie ganz der Technik, schulen Sie parallel dazu Ihr instinktives Orientierungsvermögen.

eine sehr genaue Positionsangabe und ein genauer Höhenwert erzielt werden. Allerdings nutzt dies nur etwas, wenn man gleichzeitig über eine gute Landkarte verfügt, um diese Information weiter zu verwerten.

Höhenmesser

Der mechanische, barometrisch funktionierende Höhenmesser und neuerdings auch Höhenmesser, die in Uhren oder Sackmesser eingebaut sind, ermöglichen eine relativ genaue Bestimmung der aktuellen Höhe über dem Meer, sofern das Instrument regelmäßig bei offiziell vermessenen Punkten nachgestellt werden kann. Auf Grund der Druckschwankungen in der Atmosphäre, welche der Höhenmesser natürlich mit registriert, kann es bei abrupten Wetterwechseln zu erheblichen Differenzen kommen, weshalb der Höhenmesser jede Stunde bei einem geeigneten Fixpunkt neu eingestellt werden muss. In vielen Ländern des Südens fehlen diese Vermessungen, weshalb natürlich der Wert des Instruments relativiert wird. Große Temperaturschwankungen können ebenfalls die Genauigkeit beeinträchtigen. Auf den großen Kontinentalplatten tendiert übrigens der Druck tagsüber zu fallen, um in der Nacht wieder anzusteigen. Dies führt dazu, dass der Höhenmesser ohne Wetterumschläge tagsüber ansteigt und Nachts fällt (der Höhenmesser reagiert gerade umgekehrt wie das Barometer: tieferer Druck äußert sich in höheren, Hochdruck in tieferen Meterzahlen). In solchen Fällen sollte man den Höhenmesser in Ermangelung von Fixpunkten zu Beginn an einem genau vermessenen Ort (Hauptstadt, Flughafen etc.) einstellen, danach aber nicht mehr diesen barometrischen und natürlichen Schwankungen anpassen. Im Mittel wird man verhältnismäßig akzeptable Messungen erzielen, die zumindest in der Lage sind, das Informations- oder Kuriositätsbedürfnis abzudecken.

... sonst riskiert man, die Übersicht zu verlieren.

Sonne und Sterne

Die Sonne, wenn sie sichtbar ist, stellt eine sehr gute Orientierungshilfe dar. Sie steht in Mitteleuropa um 12.30 Uhr (bei Sommerzeit um 13.30 Uhr) im Süden. Sie können vormittags und nachmittags mit einer analogen Armbanduhr eine recht genaue Südbestimmung machen: Richten Sie den Stundenzeiger auf die Sonne. Süden befindet sich dann in der Mitte (Winkelhalbierende) zwischen dem Zeiger und den oben genannten Zeiten.

Die Sterne erlauben auch genaue Richtungsbestimmungen. Suchen Sie auf der nördlichen Hemisphäre den Großen Bären (*Ursus major*), auch Großer Wagen genannt.

Verlängern Sie die Distanz des hinteren Trapezendes fünf Mal, dann erkennen Sie einen schwächeren Stern, der fast genau die Nordrichtung repräsentiert: den Polarstern. Auf Grund von Unregelmäßigkeiten in der Erdrotation verschiebt sich über Jahrhunderte die Nordrichtung immer wieder. Der Polarstern wird uns also nicht auf immer und ewig Norden weisen. Aber bis dahin wird dieses Buch sicher wieder neu aufgelegt, um den neuesten Erkenntnissen zu entsprechen. Im Moment begnügen wir uns mit dem Polarstern. Auf der Südhalbkugel sucht man das Kreuz des Südens (*Crux*). Verlängern Sie die lange Achse viereinhalb Mal, dort ist Süden.

Einheimische Helfer

Auf praktisch allen Karawanen-Treks und vielen anderen Treks in fernen Ländern werden Sie auf die Hilfe von einheimischen Begleitern zählen dürfen. Die Berufsgattungen und Dienstleistungen dieser Helfer sind recht vielfältig: Träger, Pferde-, Yak-, Kamel- und Maultierführer, Verbindungsoffiziere, Küchenjungen, Köche, Führer. Die bekanntesten unter diesen Guides sind die Sherpas im Himalaja. Deren Volksname ist geradezu zu einem Synonym für

den Beruf eines Führers auf Trekking-Touren und Expeditionen geworden. Diese lokal verwurzelten Führer und Begleiter sind bei der Planung, der Organisation und Bewältigung einer Fernwanderung und bei der Orientierung im Gelände ein wichtiges Bindeglied. Es drängt sich deshalb eine grundlegende Definition des Guide oder des Sherpa-Führers auf Trekking-Touren auf.

Den Wolken nahe: Trekking ist oft ein Tanz zwischen Himmel und Erde. Hier überschreitet eine Gruppe eine Anhöhe im Industal, Ladakh.

Was ist ein Sherpa?

Am Beispiel der klassischen Trekking-Sherpas aus Nepal wollen wir uns einmal mit den Hintergründen und Voraussetzungen solcher einheimischer Helfer auseinander setzen. Die folgende Abhandlung kann sinngemäß auf andere Volksgruppen und Führer in allen Gebirgen der Dritten Welt angewendet werden. Der Name »Sherpa« (Tibetisch *shar* = Osten, *pa* = Volk, also »Ostvolk«) nimmt Bezug auf die Herkunft dieser tibeto-mongolischen Volksgruppe, die vor etwa 500 Jahren aus Osttibet kommend das Everestgebiet und Helambu in Nepal besiedelte. Die Sherpas, ehemals Bergbauern, Viehzüchter und Händler, machten sich

WICHTIG

Ein Sherpa ist kein Bergführer!

bei Expeditionen und Trekkings einen Namen, wo sie als trittsichere, leistungsfähige und humorvolle Träger zwischen den Höhenlagern der Himalajaberge und als Sirdar (Führer), Köche und Helfer agieren. Der Name »Sherpa« wurde so zum Synonym eines Berufes. Diese Bezeichnung wird deshalb auch außerhalb Asiens gebraucht und verstanden. Heute sind in Nepal selbst viele Trekking-Sherpas nicht mehr Angehörige dieses Volksstammes, sondern Tamang, Gurung, Magar, Rai oder Bhotia. In der Regel üben sie diese Berufe als Nebenerwerb aus. Die Karriere beginnt als Träger oder Yaktreiber, dann klettert ein tüchtiger Sherpa auf der Leiter empor, wird Küchenhelfer, Koch und schließlich Sirdar. Die einzige Ausbildung ist die Praxis selbst. In einigen Zielländern sind derzeit Anstrengungen zu erkennen, diesen Helfern und Führern wenigstens eine Basisausbildung zu ermöglichen. Ein Sherpa-Guide leistet hervorragende Dienste bei der Betreuung von Trekking-Touristen, kann sehr gut improvisieren, wenn Not am Mann ist, und besitzt in der Regel ausgezeichnete Kenntnisse über den Wegverlauf und die Beschaffenheit von Mittagsrast- und Zeltplätzen. Zudem verfügt er auf Grund seiner oft langjährigen Tätigkeit über ein wertvolles Netz an Bezugspersonen und Beziehungen, das er zum Wohle seiner Trekking-Gruppe nutzen kann. Trekking-Sherpas besitzen jedoch keine oder nur sehr rudimentäre Kenntnisse über die Höhenkrankheit, Lawinengefahr, Wetterbeurteilung sowie Seil-, Sicherungs- und Rettungstechnik. Auf Grund ihrer charakterlichen Disposition werden sie sich zudem hüten, einem Fremden offen zu widersprechen, ihm gar Lehren zu erteilen oder eigene, folgerichtige Erkenntnisse durchzusetzen. Diese Eigenart trifft übrigens auch auf Hilfspersonal in anderen Ländern zu. Zudem wird der Sirdar in einer Gruppe

Improvisationskunst: Ein Sherpa repariert einen Seesack im Khumbu Himal, Nepal.

Keine Bergführer: Sherpa gönnen sich eine Rast in Phunki Drangka, Nepal.

Im Auge des Sirdars: Ein Träger überquert einen Pass bei Jiri, Nepal.

eher hinten anzutreffen sein. Seine Aufgabe ist es, die Träger und die Treiber und ihre Tragtiere im Auge zu behalten, nicht den Weg zu zeigen oder gar eine Risikobeurteilung vorzunehmen. Der Sherpa-Führer ist also ein Organisator, ein Informant, ein Transport- und Personalchef, ein Quartier- und Zahlmeister, ein Buchhalter, ein Animator, ein Improvisator und ein Gastgeber. Was er aber mit Sicherheit nicht ist: ein Bergführer.

Trekking-Agenturen vor Ort

Die Trekking-Agenturen, die hinter diesen Sherpa-Führern stehen, befinden sich in der Regel weitab vom Einsatzgebiet in den Büros einer großen Stadt. Die Angestellten dieser Agenturen besitzen meist nur wenig bis keine eigene Trekking-Erfahrung und machen die Fremden nicht in gebührender Form auf die Gefahren und die Qualifikation der Trekking-Führer aufmerksam, da sie fürchten, das Geschäft an die Konkurrenz zu verlieren, die diesbezüglich keine Vorbehalte macht. Und zu guter Letzt meint der Fremde, dass er mit der Anstellung eines Sherpa-Führers die mangelnde eigene Erfahrung überbrücken kann. Dem ist nicht so. Der Sirdar, es sei denn, er hat einschlägige und mehrjährige Expeditionserfahrung, kann je nach Sachlage plötzlich selbst relativ hilflos werden und vertraut sich dann der Obhut des Trekkers an. Es besteht deshalb eine offensichtliche und gefährliche Diskrepanz zwischen dem Können der Trekking-Sherpas und der Erwartungshaltung der Fremden, die sich im entscheidenden Moment offenbaren und außerordentlich ungünstig auswirken kann.

7 Gehtechnik

Warum ein Kapitel über das Gehen? Gehen kann man doch seit frühestem Kindesalter! Ist das Gehen beim Trekking verschieden vom Gehen in der Stadt oder beim Bergsteigen? Was muss speziell beachtet und trainiert werden?

Es klingt schon etwas paradox, dem Gehen einen ganzen Abschnitt dieses Buches zu widmen. Aber in diesem Bereich kann man wirklich sehr viele Fehler machen und es gehört sich deshalb, sich etwas näher mit dieser Materie auseinander zu setzen. Das Gehen, das Wandern im Gebirge will erlernt, erprobt und erfahren sein. In der Folge geben wir Ihnen einige wichtige Tipps zur Gehtechnik, die Sie sich besonders bei der Vorbereitung auf einen Trek immer vor Augen halten müssen, genau wie die körperliche Fitness, die geistige Vorbereitung, die Ernährung und die Ausrüstung. Eine ausgefeilte, gut trainierte Gehtechnik trägt in entscheidendem Maße dazu bei, ob Sie einem Trek gewachsen sind und ihn gebührend genießen können.

Gebührend genießen: Durch sumpfiges Gras zur Lodge in Knoydart, Schottland.

Das Gehen im Auf- und Abstieg

Trekken und Wandern besteht, auf das absolut Wesentliche reduziert, aus Gehen im Gebirge, in Wüsten, im Urwald und auch in unwegsamen Gebieten. Das Gehen, wie wir bereits weiter oben ausgeführt haben, bildet jenen Urtrieb des Menschen, aus dem diese Tätigkeit schließlich ihre Motivation schöpft. Nebst den gedanklichen und logistischen Voraussetzungen ist das Gehen der sportliche Aspekt eines Treks. Das Gehen wird zwar von den Beinen ausgeführt, jedoch vom Hirn und von den Kapazitäten der Lungen, des Herzes, verschiedener anderer Organe und der Ernährung, im Speziellen durch die aufgenommenen Kalorien, gesteuert. Bei diesen mannigfaltigen Zusammenhängen müssen zwangsläufig verschiedene wichtige Aspekte des Gehens beachtet werden. Dazu kommt auch noch die richtige Materialwahl bei den Schuhen und den Gehstöcken.

Gehen, wandern, trekken

Die eigentliche Kernaktivität eines Treks besteht aus: gehen, wandern und trekken in verschiedenster Umgebung, verschiedensten Geländetypen, Schwierigkeitsgraden und Höhenlagen. Dabei sollte zunächst einmal die innere Grundhaltung angenommen werden, nicht immer nur das Tages- oder Endziel des Treks rastlos und mühevoll anzustreben, sondern es nach jedem Schritt regelrecht schade zu finden, dass schon wieder

Gehen im einfachen Gelände: Schnurgerade Piste nach Umla, Ladakh.

Abschalten: Trekker überqueren einen Bach in Sungmothang, Sikkim.

ein Stück des schönen Wegs hinter Ihnen liegt. Viele Menschen tendieren heute leider dazu, das Tempo ihres Lebens, das enorme Tempo unserer rastlos vorwärtsstrebenden westlichen Leistungsgesellschaft, bedenkenlos in den Urlaub zu übertragen. In den Ferien, besonders den Trekking-Ferien, kann man sich getrost und ohne jegliche Skrupel von der treibenden Hektik des Alltäglichen abkoppeln. Daran muss sehr intensiv gedacht werden, wenn man sich auf eine Fernwanderung vorbereitet, und noch intensiver, wenn man schließlich unterwegs ist und wandert. Die meisten Wanderer gehen viel zu schnell. Leider machen wir seit Jahren diese Beobachtungen, weshalb wir sie zur Verdeutlichung noch einmal wiederholen: *Die meisten Wanderer gehen viel zu schnell!* Es fehlt den meisten Wanderern schlicht der Mut zur Muße. Trekking ist weder ein Wettrennen noch eine olympische Disziplin, es werden am Ziel eines Treks weder Diplome noch Medaillen verteilt, es werden keine Nationalhymnen gespielt und auch keine Fahnen aufgezogen. Sie tun es für sich, allein für sich, nur für sich, für Ihre Gesundheit, für Ihr Vergnügen, für Ihre Erholung. Eine grundsätzliche Schwierigkeit besteht heute darin, dass auf Grund des Gebarens der Gesellschaft, der Wirtschaft und des zunehmend unsicheren Umfeldes, in dem wir uns bewegen und arbeiten, längere Urlaube immer weniger in Mode sind. Heute müssen Ferien teilweise sehr kurzfristig und mit kurzer Dauer geplant werden. Die Zeiten, in denen man drei, vier oder sogar mehr Wochen Urlaub am Stück beziehen konnte, sind – so müssen wir befürchten – vorbei. Das Abschalten, das sich Distanzieren – geistig und körperlich – vom sonst üblichen Tempo, von den sonst üblichen Gewohnheiten und Tätigkeiten, nimmt traditionell immer eine gewisse Zeitspanne in Anspruch, die individuell verschieden lang sein kann. Heute, bei den kurzen Vorbereitungszeiten und den kurzen Ferien, die wir noch gewährt bekommen, ist dieses Abschalten offenbar gar nicht mehr erwünscht, denn hat der Arbeitnehmer einmal »abgeschaltet«, braucht er ja im Geschäft auch wieder eine ganze Weile, um erneut auf Touren zu kommen. Es dauert in der Regel gleich lang oder manchmal auch noch länger, den üblichen hektischen Rhythmus wieder zu übernehmen, wie es Zeit braucht, sich davon zu entfernen.

Gespannte Aufmerksamkeit: Heikler Abstieg nach Saas Fee, Wallis

Rhythmus und Schrittlänge

Gewöhnen Sie sich deshalb bereits bei den Vorbereitungen ein gemächliches, aber regelmäßiges Tempo an. Eine Aufstiegsfrequenz von etwa 45 bis 55 Schritten pro Minute

Keine Diplome, keine Medaillen: Gemächliches Gehen in kahlem Gelände am Rapta La, Ladakh

kann als gemächlich bezeichnet werden. Ein höherer Rhythmus neigt in der Natur und den Bergen schon zur Hektik. Im Abstieg kann sich die Frequenz auf 60 bis 70 Schritte pro Minute erhöhen. Die Schrittlänge ist abhängig von der Körpergröße und sollte nicht zu lang sein, sie darf zwischen 60 und 75 cm variieren. Mit einem solchen Bewegungsablauf können Sie ganze Gebirge versetzen! Ihr persönlicher Rhythmus ist jedoch trotz allem gewissen Schwankungen unterworfen. Am frühen Morgen, bei Kälte, Regen, flach oder fallend und alleine geht man schneller als am Nachmittag, bei Hitze, bergauf, im Schnee oder mit einer Gruppe. Es lohnt sich, auch bereits in weniger steilen oder flachen Stücken vor einem steilen Anstieg die Schrittzahl auf jenen Rhythmus zu reduzieren, den Sie im Aufstieg benutzen. Auch werden Sie feststellen, dass Sie für dieselbe Wegstrecke bei ähnlichen Bedingungen nicht immer die genau gleiche Zeit benötigen, obwohl Sie den Eindruck haben, gleich schnell (oder viel besser: langsam) gewandert zu sein. Lassen Sie sich bei der Wahl Ihres individuellen Bewegungsablaufs nicht von anderen Leuten beeinflussen. Die meisten gut vorbereiteten Trekkings sind so konzipiert, dass dem einzelnen Teilnehmer genügend Freiraum gewährt wird, sein eigenes Tempo zu gehen. Zwangsläufig werden andere Teilnehmer des Treks gleich oder zumindest ähnlich schnell (langsam) gehen, was zu Gruppenbildungen und Interessengemeinschaften in der Reisegruppe führt. Gehen Sie dabei immer konsequent Ihren Rhythmus, den Sie trainiert haben und mit dem Sie und Ihre Organe vertraut sind. Adaptieren Sie unter Umständen Ihr Tempo an jenes einer anderen Person, wenn Sie das untrügliche Gefühl haben, von diesem Gehrhythmus profitieren zu können. Achten Sie ebenfalls immer darauf, Ihre Gelenke (Hüften, Knie, Fußgelenke, bei Benutzung von Gehhilfen auch Achseln, Ellbogen und Handgelenk) beständig und bei jedem Schritt zu schonen und diese nicht ruckartigen Bewegungen, Schlägen und einseitigem oder zu hohem Belastungsdruck auszusetzen. Wichtig beim Gehen ist zudem das Gleichgewicht. Zwei Wanderstöcke helfen Ihnen, dieses immer unter Kontrolle zu haben. Diese Gehhilfen entlasten zudem beim Abstieg Ihre Gelenke (Hüften, Knie, Sprunggelenk) ganz wesentlich. So werden die Stöcke auch zur effizienten präventiven Maßnahme gegen Gelenkschmerzen.

Atmung und Pausen

Jetzt kommt der eigentliche Schlüssel zum Wohlbefinden! Gewöhnen Sie sich bei Ihren Wanderungen, beim Bergsteigen, bei den Vorbereitungen zum Trek und natürlich auch auf dem Trek selbst eine unerschütterliche, absolut regelmäßige Atmung an. Die Frequenz der Atmung unterliegt der Anstrengung. Bei steilen Aufstiegen oder in großen Höhen ist der Bedarf an Sauerstoff natürlich wesentlich größer als beim gemütlichen Schlendern auf flachen oder fallenden Wegen. Atmen kann man bekanntlich durch den Mund und die Nase. In kalten, trockenen Zonen und in großen Höhen führt die Atmung durch den Mund zu großem

Pause: Verdiente Rast auf dem Sgurr na Ciche, Schottland

Wärme- und Feuchtigkeitsverlust. Versuchen Sie deshalb unter allen Umständen, immer durch die Nase zu atmen. Damit reduzieren Sie automatisch auch eine eventuell zu schnelle Gehfrequenz. Koordinieren Sie Ihre Atmung immer stur mit dem Schritt, der seinerseits mit den Armbewegungen, besonders bei Benutzung von Gehhilfen, in Einklang stehen muss. Gewöhnen Sie sich eine absolut regelmäßige, stoische, dem Schrittrhythmus stets angepasste Atmung an, so beispielsweise im Aufstieg: rechtes Bein vor – einatmen – linkes Bein vor – ausatmen. Im flacheren Gelände: rechtes Bein vor, linkes Bein vor – gleichzeitig lang einatmen – rechtes Bein vor, linkes Bein vor – gleichzeitig lang ausatmen. Eine solche Koordination stellt eine wesentliche Verminderung der Ansprüche an den Kreislauf und damit der Anstrengungen dar und führt zu einer nachhaltigen Verbesserung der Erholungsphasen und zur müheloseren Bewältigung auch der steilsten Aufstiege. Voraussetzung dafür ist das Training. Ein regelmäßiger Schritt-Atem-Rhythmus muss konsequent und manchmal auch lange geübt werden. Eine solche Koordination (gemächlicher Schritt, dazu abgestimmte Atmung) ermöglicht es Ihnen, eine Stunde ohne Pause zu wandern, ohne nur einen Moment außer Atem zu gelangen. Danach sollten Sie eine kurze Pause von etwa zehn Minuten einschalten. Dabei können Sie sich hinsetzen. Nach zwei Marschstunden kann diese Pause auch auf eine halbe Stunde ausgedehnt werden. Versuchen Sie, mindestens eine Stunde durchzugehen, dies fördert die Verankerung der Schritt-Atmungs-Kadenz und die Stärkung des Kreislaufes. Halten Sie sich strikt an die Stundenhalte, auch sie bilden einen integrierten Bestandteil dieses gesamten Gehrhythmus. Ein unwiderstehliches Vorrücken wird Ihnen durch die Einhaltung dieser Frequenzen mehr und mehr bewusst. Vermeiden Sie vor allem häufiges Anhalten außerhalb dieser Stundenhalte, denn nicht die eigentliche Marschgeschwindigkeit ist maßgebend für die zeitliche und körperliche Bewältigung einer Tagesetappe, sondern Anzahl und Dauer der Pausen. Und denken Sie daran: Das Ziel ist einerseits sekundär und andererseits kann es sich ja nicht bewegen, es bleibt stets am selben Ort, und Sie nähern sich ihm mit jedem Schritt und jedem Atemzug um etwa 70 Zentimeter, bewältigen damit (leider!) einen kleinen Teil des Genusses. Das Erreichen des Ziels kann zwar auch einen Genuss darstellen, es sollte aber nicht der einzige des Tages bleiben! Eine erfolgreiche Durchsetzung dieser koordinierten Gehtechnik bedingt ein sehr diszipliniertes Verhalten. Deshalb sollten in steilen Aufstiegen nicht gerade größere Diskussionen stattfinden, die Stille ist ein Geschenk und sollte immer eine begleitende Komponente eines Treks bilden. Zum Schwatzen bleiben während der Pausen, Rasten und Abstieg und während der Randzeiten eines Trekkingtages noch genügend Freiräume. Als Grundsatz soll immer gelten: ein gleichmäßiger und ruhiger Schritt, dazu eine gleichmäßige und ruhige Atmung.

Geschenk Stille: Lauschiger Pfad im Lärchenwald im Saastal, Wallis

Durch die Nase atmen: Auf dem Yalung Nyau La, 5360 m, Changthang

Das Gehen auf heiklen Passagen

Weitaus die meisten Trekking-Reisen führen ins Gebirge. In vielen Gegenden führen die Routen entlang guten Wander-, Karawanen- und Bergwegen. Diese Wege sind naturgemäß von unterschiedlichster Qualität. Es kann Abschnitte geben, die man als schwierig oder sogar gefährlich einstufen muss. Im Besonderen betrifft dies Passagen im steilen Gelände, im Fels, auf Schnee und Eis sowie bei der Durchquerung von Erosionstrichtern und von Gewässern. Bei Letzteren ist die Wassertemperatur und die Möglichkeit unvermittelter Wechsel im Pegelstand immer in die Risikoabwägung einzubeziehen. Es gehört zudem zum Charakter der Bergwelt, dass man selbst auf guten Wegen bei schnellem Wetterumschlag in heikle Situationen geraten kann. Die intensive, lückenlose Beobachtung der Wetterlage ist deshalb für jeden Trekker ein Muss. Das Gehen im Sand ist meist weniger gefährlich als mühsam. Das Wegrutschen der Unterlage erfordert eine spezielle Gehtechnik, um nicht allzu viel vom erwanderten Terrain wieder zu »verlieren«.

Kombinierte Schwierigkeiten: Gehen im Geröll eines Gewässers in Ladakh

Wahl des Schuhs

Je nach Schwierigkeit und Länge eines Treks müssen die dazu passenden Schuhe gewählt werden. In der Regel genügen bei normalen Bergwanderungen Leichtbergschuhe oder robuste Trekkingschuhe (Wanderschuhe), die einen hohen Schaft aufweisen, damit die Knöchel gut abdecken und eine gute Stütze für die Fußgelenke darstellen, Schutz gegen Kälte und Nässe bieten und ein sehr griffiges, nicht abgescheuertes Profil aufweisen. Steigeisenfestigkeit ist in der Regel auf einfachen Wanderungen nicht Bedingung. Deshalb können Sie ruhig einen etwas bequemeren Schuh wählen, der eine elastische, nicht zu harte Sohle aufweist und in dem Sie tagelang beschwerdefrei wandern können. Schuhe aus Gore-Tex sind vielleicht dichter und bieten unter normalen Umständen kurzfristig einen guten klimatischen Komfort. Sie trocknen schneller, haben sich aber auf langen Wanderungen nicht unbedingt bewährt. Diese Wahrnehmung ist jedoch individuell verschieden. Am besten, man testet selbst die Schuhe gebührend. Der Lederschuh bietet den Vorteil, langfristig über einen besseren klimatischen Komfort zu verfügen, allerdings trocknet er langsamer, wenn er einmal feucht oder nass wird, auch wenn man ihn mit Zeitungspapier voll stopft. Gehören schwierigere Abschnitte oder ein Gipfelziel zu einer solchen Unternehmung, kann durchaus noch ein zweites Paar Schuhe mitgeführt werden, z.B. ein steigeisenfester Bergschuh für die Abschnitte in Eis und Schnee. Dies ist jedoch eine Gewichtsfrage, besonders, wenn individuell gewandert wird und dabei die gesamte Ausrüstung selbst getragen werden muss. Solche zusätzliche Ausrüstung kann in der Regel nur beim Karawanen-Trek mitgeführt werden, wo Gewicht und Volumen nicht eine derart entscheidende Rolle spielen, da das Hauptgepäck von Trägern oder Tragtieren transportiert wird. Oft ist es auch vernünftiger, auf einen Gipfel zu verzichten, der »am Weg liegt«, um diese logistischen Probleme zu umschiffen. Sehr oft wiegt die zusätzliche Ausrüstung für Eis und Schnee schwer, kann aber auf dem ganzen Trek nur während weniger Stunden gebraucht werden. Ein langes Gehen mit den schweren Bergschuhen auf einfachen oder wenig schwierigen Wanderwegen ist auch nicht unbedingt zu empfehlen. Meist ergeben sich dadurch andere Probleme in Form von Druckstellen, Blasen, weniger klimatischer Komfort im Schuh und andere Nachteile. Liegen auf der geplanten Route Gewässer, die durchwatet werden wollen, so empfiehlt sich das Mitführen von leichten Turnschuhen oder Sandalen für diese Passagen. Barfuß einen Bach zu durchwaten, kann durchaus reizvoll sein, jedoch bieten die Kälte des Wassers und der Luft, spitze Steine, Scherben und durch Algen rutschig gestaltete Flächen ernsthafte Hindernisse für unsere etwas degenerierten, zarten, solche Strapazen nicht mehr gewohnten Füße. Es lohnt sich deshalb, am Ufer anzuhalten und die Schuhe zu wechseln. Ein kleines Frotteetuch sollte dabei im Rucksack sein, um die Füße vor dem Überstreifen der Socken und der Wanderschuhe wieder abzutrocknen. Vernachlässigen Sie dabei den »Zeitverlust«, sondern gönnen Sie sich das erfrischende Vergnügen, auch wenn es vielleicht der Kälte wegen allzu erfrischend ausfallen wird. Das Gehen in Trekkingschuhen muss übrigens unbedingt gebührend geübt werden. Benutzen Sie beim Training immer jene Schuhe, die Sie auch auf der Reise zu benutzen trachten. Die Schuhe werden sich bei intensivem Gebrauch zwangsläufig abnutzen. Zwar können Sohlen und andere Teile aufgummiert oder ersetzt werden, irgendwann lässt sich aber der weitere Gebrauch nicht mehr verantworten. Kaufen Sie danach, wenn möglich, wieder den gleichen Schuhtyp ein, mit dem Sie gut gefahren (respektive gewandert) sind, und vermeiden Sie unnötige Experimente.

Schwierigkeiten überwunden: Trekker auf dem Rapta La, 4350 m, in Ladakh

Gehen in Fels und Geröll

Im Westen sind wir es gewohnt, dass schwierige Passagen im Fels durch Ketten, Seile, Stifte und Leitern abgesichert sind. Nun helfen diese Hilfsmittel etwas, wenn man sie auch zu benutzen weiß und benutzt. Anseilgurt, Reepschnur und Karabiner erhöhen auf Klettersteig-ähnlichen Wegstrecken die Sicherheit maßgeblich. In Übersee sind solche Hürden meist weder markiert noch gesichert. Es liegt also am Wanderer selbst, die Situation einzuschätzen und für die nötige Sicherheit zu sorgen. Sichern Sie solche Gefahrenstrecken mit einem Fixseil. Manchmal muss zusätzlich auch angeseilt und ordentlich gesichert werden, dies

setzt entsprechende Kenntnisse in der Seilhandhabung voraus. In vielen Gebirgen der Welt bildet die Erosion, das Abschmelzen der Gletscher und der Schwund des Permafrostes ein zunehmend gravierendes Problem. Bei Wegstrecken, die dadurch dem Steinschlag (oder Eisschlag, auch Schnee- und Erdrutschen, Lawinen etc.) ausgesetzt sind, muss immer ein gehöriger Abstand zwischen den einzelnen Teilnehmern eingehalten werden. Dies erhöht die Möglichkeit des Einzelnen auszuweichen und vermindert das kollektive Risiko stark. Sorgen Sie sich in solchen Situationen beim Karawanen-Trek auch um alle Ihre Begleiter und Träger. Durchqueren Sie solche Abschnitte sehr zügig, sicher und ohne jeglichen Halt. Pausen in solchen Situationen sind selbstverständlich strengstens verboten! Steinschlag kann übrigens auch von einer grasenden Yak-, Ziegen- oder Schafherde oberhalb des Wegs ausgelöst werden.

Besonders beim Abstieg ist Konzentration gefragt: Blockhalde in Schottland.

Gehen in Schnee und Eis

Im Hochgebirge oder bei winterlichen Verhältnissen muss mit Schnee und Eis gerechnet werden. Entsprechende Erfahrung, Kondition und Ausrüstung sind unbedingt erforderlich. Führt der Weg über Schnee, Firn oder Eis (Altschnee, Neuschnee, Firn, Schneerunsen, Lawinenschnee, gefrorene Wasserläufe etc.), so tun Sie dies mit der nötigen Vorsicht. Solche Wegabschnitte können sehr gefährlich sein, besonders wenn die Unterlage hart und rutschig und das Gelände steil ist. Solche Passagen müssen entweder gut (durch Stufen schlagen) präpariert und/oder mit Fixseilen, Eisschrauben oder Schneeanker gesichert werden. An steilen und besonnten Hängen besteht auch bis in den Frühsommer hinein die Gefahr von Nassschneerutschen. Ein gewisses Risiko bei einer Weitwanderroute besteht darin, dass man den Druck verspürt, den nächsten Endpunkt unbedingt erreichen zu »müssen«. Das darf aber niemanden dazu verleiten, gefährliche Passagen unüberlegt anzugehen. Im Zweifelsfall kehrt man besser um und geht zum Ausgangspunkt oder ins Tal zurück. Das schwächste Glied einer Gruppe soll zudem immer der Maßstab für alle sein.

In jedem Gelände muss die Bewegungskoordination optimal funktionieren. Eine Gruppe steigt zur La Ruinette, Wallis.

Konzentrieren Sie sich in jedem Fall immer primär auf den Weg, dies besonders im Abstieg. Die Aussicht genießt man am besten bei den Pausen. Gehen Sie niemals in einen Gefahrenbereich, ohne vorher eine klare Analyse der Risikosituation gemacht zu haben. Beobachten Sie stets den weiteren Wegverlauf, das Gelände oberhalb und unterhalb der Wegstrecke und die sich daraus unter Umständen ergebenden Gefahren. Und: Gehen Sie, wenn Sie gehen, sehen Sie, wenn Sie stehen!

Wahl der Gehstöcke

Verschiedene Studien zeigen ganz klar, dass die Gehstöcke bei Weitwanderungen eine entscheidende Hilfe sind, um die Bewegungskoordination zu optimieren, die Sicherheit und das Gleichgewichtsgefühl zu erhöhen und die Gelenke zu schonen. Heute sind so genannte Teleskopstöcke sehr beliebt. Deren zwei bis drei Segmente lassen sich ineinander schieben und bilden so z.B. auf der Anreise kein Hindernis. Allerdings sollten die Gehstöcke auf Flugreisen immer im aufgegebenen Gepäck (Seesack) mitreisen, im Handgepäck werden Sie auf Grund der schärfer gehandhabten Sicherheitsvorkehrungen im Flugverkehr oft als »Waffen« identifiziert. Generell werden von den Herstellern zwei Gehstöcke pro Person empfohlen. Diese haben natürlich den Vorteil, dass die Bewegungskoordination harmonischer gestaltet und Gewicht auch im Oberkörper auf beide Arme und damit auf den Körper insgesamt gleichmäßig verteilt werden. Der Nachteil besteht darin, dass damit beide Hände gebunden sind. Zudem gewöhnt man sich auch allzu sehr an zwei Stöcke und kann dann plötzlich ohne sie gar nicht mehr gehen, da das Gleichgewichtsgefühl sich auf diese Hilfen einstellt und ohne Stöcke nicht mehr so optimal funktionieren will. Es sollte deshalb zwischendurch auch wieder einmal ein Tag ganz ohne Stöcke oder ein Wandertag mit nur einem Stock eingelegt

Gehstöcke (und Sherpas) sind auch beim Durchwaten von Gewässern eine gute Hilfe.

VORSICHT

Trekking ist Wandern, Wandern ist Gehen. Dabei kann man jede Menge Fehler machen.

Ein einfacher Weg schlängelt sich durch den subtropischen Wald des Buri Gandaki, Nepal.

werden, um den Unterschied zu merken und Sicherheit und Gleichgewicht auch ohne Gehhilfen zurückzugewinnen. Verwendet man nur einen Stock, so kann man diesen abwechselnd in die linke oder rechte Hand nehmen. Vergessen Sie nicht, die Höhe der Stöcke optimal einzustellen und die Teleskopteile fest zu verschrauben, damit ein Zusammenschieben durch Druckbelastung, wie sie oft beim Abstieg in erheblichem Maße die die Stöcke wirkt, nicht möglich ist. Kontrollieren Sie unterwegs, ob sich die Verschraubung nicht gelöst hat. In vielen Ländern des Südens sind solche Teleskopstöcke ein beliebtes Spielzeug für Jung und Alt. Achten Sie deshalb besonders nach Begegnung mit Einheimischen, die die Stöcke mit den »Händen anschauen«, ob sich die Verschraubungen nicht gelockert haben. Falls Sie einen Karawanen-Trek mit Tragtieren (Yaks, Pferde, Esel, Kamele) unternehmen, müssen Sie Sorge tragen, dass die Stöcke bei Ankunft im Camp nicht flach am Boden liegen. Ein einziger Huf eines Tragtieres oder das Gewicht eines Kamels führt zum unumkehrbaren Bruch ihres Stocks.

Tagesrhythmus

Oft hat die Karawane einen anderen Rhythmus als die Gruppe: Pferde in Ladakh.

Nebst dem eigentlichen Gehrhythmus und der Koordination zwischen der Bewegung und der Atmung, der man nicht genug Aufmerksamkeit schenken kann, bildet der Tagesrhythmus, der Ablauf eines Trekkingtages, einen sehr wichtigen Bestandteil für die erfolgreiche Durchführung einer Weit- oder Rundwanderung. Dieser Tagesrhythmus sollte sich von Tag zu Tag nicht allzu sehr unterscheiden, mit Ausnahme jener Etappen, die sich auf Grund ihrer Länge oder Höhenunterschiede vom Durchschnitt der restlichen Abschnitte unterscheiden. Zunächst muss konsequent nach dem Grundsatz gelebt werden, den Tag nicht zu überladen. Ein Trek kann auf Grund seines Charakters als ausgesprochene Ausdauerleistung sehr lang und sehr anstrengend sein. Der einzelne Tag muss jedoch auf ein erträgliches Maß an Leistung begrenzt werden. Zu lange Etappen führen dazu, dass man sich überanstrengt und die »gewonnene« Zeit in Form von Ruhetagen wieder verliert. Wir werden uns im Kapitel 9 »Unterwegs« noch näher mit einigen entscheidenden Abläufen des Tages befassen (s. 9.2).

Früher Aufbruch

In den Bergen gilt der Grundsatz des frühen Aufbruchs. Die Hitze ist ein ausgesprochener Feind des Wanderers. Bei einem möglichst frühen Aufbruch kann man die kühlen Morgenstunden optimal nutzen und eine beträchtliche Wegstrecke bei nahezu idealen Bedingungen zurücklegen, bevor die Sonne zu stark wird und die Temperaturen in jenen Bereich steigen, den wir als unangenehm und »zu heiß« zum Wandern empfinden. Zudem hat der frühe Aufbruch den Vorteil, dass das Tagesziel früher erreicht wird. (Der frühe Aufbruch soll jedoch unter keinen Umständen als Vorwand gelten, die Etappe unnötig zu verlängern.) Ein weiterer Vorteil besteht in der zusätzlichen Muße, die man zur Verfügung hat, um die meteorologischen Entwicklungen zu verfolgen. Vielfach ist die lokale Wetterentwicklung nachmittags kritischer und labiler. Der frühe Aufbruch macht eine optimale Beobachtung des Wetters möglich und schafft zeitliche Reserven bei unliebsamen Überraschungen.

Mahlzeiten und Getränke

Regelmäßigkeit soll auch bei den Mahlzeiten gepflegt werden. Gemüse auf dem schwimmenden Markt in Srinagar, Kaschmir.

Nehmen Sie die Mahlzeiten oder das Picknick grundsätzlich täglich immer zu denselben Tageszeiten ein. Dies führt dazu, dass sich der Appetit immer zur gleichen Zeit einstellt und auch eine bessere Stuhldisziplin eingehalten werden kann. Regelmäßiges Trinken und Essen führt auch zu einem regelmäßigeren Ablauf der Verdauungsprozesse, die nicht täglich wieder neu geregelt werden sollen. Eine Eigendisziplin bei Nahrungsaufnahme und Stuhlgang hat wirklich nur Vorteile. Diese Dynamik ist sehr wichtig, um den Anstrengungen eines Treks besser begegnen zu können. Denn die Regelmäßigkeit ist ein weiterer Schlüssel zum echten Wohlbefinden. Ein Trek bietet zudem den entscheidenden Vorteil, die unvergleichlichen Vorzüge der Regelmäßigkeit wieder neu zu entdecken. Der im täglichen Berufsleben sonst übliche, meist etwas hektische Tagesablauf begünstigt diese Regelmäßigkeit nicht sonderlich. Viele Unpässlichkeiten resultieren aus dieser Tatsache.

Getränke sollten immer in genügender Menge mitgeführt und ebenfalls regelmäßig und gleichmäßig konsumiert werden. Besonders in heißen Ländern und in großen Höhen bildet die reichliche und regelmäßige Zufuhr von Flüssigkeit eine wichtige Voraussetzung, um der Dehydration und auch der Höhenkrankheit zu begegnen. Eine Empfehlung abzugeben, welches Getränk wann eingenommen werden sollte, wäre etwas vermessen. Jeder hat hier seine eigenen Vorlieben und Geheimtipps für sich selbst. Die Auswahl reicht von Tee über Suppe zur isotonischen Mixtur. Wichtig sind die Flüssigkeiten selbst, Mineralstoffe, Zucker und Salz. Trinken Sie, auf was Sie Lust haben, denn der Körper steuert sein Verlangen mit Gelüsten, denen Sie ohne weiteres nachgeben dürfen.

Alkoholische Getränke sollte man auf einem Trek nur in absolut verträglichen Mengen zu sich nehmen oder noch besser: gänzlich darauf verzichten. Alkohol vermindert die Leistungsfähigkeit und das allgemeine Wohlbefinden, beeinträchtigt den Appetit und führt zur

Der Koch und seine Helfer sind dabei, pünktlich das Mittagessen zu kochen. Im Marsyangdi-Tal, Nepal.

Verengung von Blutgefäßen, ein gewichtiger Nachteil besonders in kalten und hohen Gebirgszonen. Der Genuss von Tabak in allen seinen Formen ist heutzutage in sportlichen Kreisen beinahe zu einem Tabu geworden, das sich glücklicherweise auch mehr und mehr in die gesellschaftlichen Gewohnheiten einschleicht. Es ist, so glauben wir, deshalb müßig, über die Nachteile dieser Sitte zu sinnieren. Der temporäre Abschied von den heimischen Gefilden kann die ideale Gelegenheit bieten, sich von schlechten Gewohnheiten zu verabschieden. Ein Trek ist der einmalige Rahmen dazu.

Sehr wichtig ist es auch, dauernd eine »eiserne Reserve« mitzuführen. Diese besteht aus Flüssigkeit und etwas zu essen. Tasten Sie diese – wenn nötig – erst in Sichtweite des Zeltplatzes oder der Hütte an. Wie oft sind schon Wanderer noch völlig unverhofft in arge Schwierigkeiten geraten, mussten stundenlang ausharren oder einen Weg suchen, und hatten dann nichts mehr zu trinken und essen dabei. Am schlimmsten ist es, in einer kritischen Situation noch zusätzlich von Durst und Hunger geplagt zu werden.

Tagesablauf

Stehen Sie früh auf, packen Sie ruhig und überlegt. Verpacken Sie vor allem die gleichen Dinge immer am gleichen Ort, damit Sie sich nicht unnötig mit solchen Nebensächlichkeiten wie Suchaktionen im eigenen Gepäck beschäftigen müssen. Nehmen Sie das Frühstück ein, wenn Sie mit dem Hauptteil des Verpackens fertig sind. Nach dem Frühstück und dem Beenden des Packens machen Sie sich auf den Weg. Am Vormittag sollten etwa drei Stunden

Marsch bewältigt werden, die Pausen sind in diesem Zeitrahmen nicht eingeschlossen. Nach etwa 11.00 Uhr sollten sich Ihre Gedanken langsam der Mittagsrast zuwenden; zur gegebenen Zeit und nach Erreichen eines idealen Rastplatzes werden Sie Ihr Mittagessen kochen oder kochen lassen oder Ihr Picknick verzehren. Machen Sie in heißen Gebieten während der Mittagszeit eine lange Pause von zwei Stunden. Diese lange Pause unterbricht die körperliche Leistung ideal, zudem verhindert sie, dass Sie sich zur heißesten Tageszeit unnötig anstrengen. Verlegen Sie den Hauptteil der Anstrengungen ruhig und wenn möglich auf den kühlen Vormittag und den Nachmittag, der meist ab 15.00 Uhr wieder erträglicher wird. In kalten Gebieten werden Sie zwangsläufig lange Pausen im Freien zu vermeiden trachten, denn diese sind dem Wohlbefinden nicht sonderlich förderlich. Dort werden Sie sich wohl fühlen, wenn Sie durch das Gehen oder andere körperliche Aktivitäten (wie z.B. das Arbeiten in der Küche oder das Aufstellen der Zelte) eine gewisse Körperwärme behalten können. Verfügen Sie jedoch über eine geschützte Raststelle, z.B. in einer Hütte oder einem Gasthaus, dann können, ja müssen Sie die Aufenthaltszeit natürlich wieder auf die zwei Stunden ausdehnen, um den Tag sinnvoll zu teilen.

Beginnen Sie den Nachmittag in einem ruhigen, sehr regelmäßigen Tempo. Ihr Körper ist nämlich noch dabei, das Mittagessen zu verdauen, eine allzu starke Belastung während dieser Phase verbietet sich also. Gehen Sie in einem stetigen Rhythmus und respektieren Sie die Stundenhalte, die Sie ruhig auch verlängern können, wenn es die Temperaturen und die Wetterlage erlauben sowie das Erreichen des Tagesziels realistisch und unproblematisch ist. Am

Die Pause wird kurz: Steifer und kalter Wind bläst über den Tsho Moriri, Rupshu.

Nachmittag sollte die Marschleistung generell kürzer ausfallen als am Morgen. Zu lange Marschzeiten am Nachmittag vermitteln den Eindruck, der Tag sei unendlich lang, und man komme nie zum Ziel. Gegen 16.00 Uhr oder spätestens 17.00 Uhr sollten Sie an Ihrem Tagesziel angelangt sein. Eine frühere Ankunft wäre natürlich ebenfalls erwünscht, ist aber auf keinen Fall um den Preis der Hektik anzustreben. Diese »normale« und vernünftige Ankunftszeit erlaubt eine gebührende Erholungsphase vor dem Nachtessen. Zudem haben Sie Zeit, Wäsche zu waschen oder mit Ihren Sherpas, Helfern und Reisekameraden zu diskutieren und Erfahrungen mit anderen Touristen oder lokal wohnhaften Einheimischen auszutauschen. Oder ein Buch zu lesen oder zu schlafen.

Gehen wir im Schlaf: Beschaulicher Mischwald in Sikkim.

Schlaf

Der Schlaf kommt bei einem Trek mit an Sicherheit grenzender Wahrscheinlichkeit nicht zu kurz, außer man übernachtet ständig in solchen Hütten, wo bis in die Früh Feste gefeiert werden. Auch das meist ungewohnte Schlafen in Massenlagern kann seine Tücken haben, besonders, wenn der Geräuschpegel von Schnarchern unnötig in die Höhe getrieben wird. Mit einem Ohrenschutz in Form von handelsüblichen Pfropfen entgehen Sie elegant dieser akustischen Belästigung. In der Regel werden Sie auf einem Trek nämlich längere Schlafphasen brauchen und auch haben als zu Hause. Ein Trekking ist auch eine Art Schlafkur. Menschen, die zu Hause mit maximal sechs Stunden Schlaf auskommen oder auskommen müssen, werden sich auf einem Trek plötzlich dabei ertappen, regelmäßig acht bis zehn Stunden zu schlafen. Einerseits ist eine solche Erholungsphase während einer Weitwanderung äußerst willkommen, andererseits bildet sie einen enorm wichtigen Ausgleich und eine Kompensation zum Raubbau, den wir teilweise in unserem normalen Umfeld am eigenen Körper betreiben. Der Körper stellt sich relativ schnell auf den veränderten und längeren Schlafrhythmus ein. Er muss sich nach Ankunft zu Hause eher wieder mühsam auf kürzere Intervalle einstellen. Diese Umstellung braucht immer eine gewisse Zeit, besonders wenn zu dieser noch eine erhebliche Zeitverschiebung oder ein abrupter Wechsel der Jahreszeit mitvollzogen wird.

WICHTIG

Ein guter Tagesrhythmus ist ein entscheidender Schlüssel zum Wohlbefinden. An diesem sollte wenn immer möglich festgehalten werden.

8 Gefahren und Probleme

Kälte, Hitze, Wechtenbrüche, Lawinen, Steinschlag, Absturzgefahr, Erdrutsche, reißende Gewässer, Überschwemmungen, Sandstürme in flimmernden Wüsten, Vulkanausbrüche, Erdbeben, Blitz, Hagel, Wind und Wetter, jede Menge unberechenbarer Bakterien, heimtückische tropische Krankheiten, Höhenkrankheit, wilde und tollwütige Tiere, waghalsige Busfahrten in fernen Ländern, Diebstähle, Überfälle, politische Unruhen, Revolutionen, Rebellen, Entführungen – gibt es überhaupt eine noch gefährlichere Sportart als Trekking?

Wasser: Strömung und Kälte müssen beurteilt werden. Die junge Rhone bei Gletsch, Wallis.

Bei einer umsichtigen, durchdachten und konsequenten Vorbereitung und Durchführung einer Weitwanderung bildet vermutlich die Autofahrt zum Flughafen, zum Bahnhof oder gar zum Ausgangspunkt das mit Abstand größte Risiko. Wandern gehört eigentlich zu den harmlosesten Tätigkeiten in den Bergen, vorausgesetzt, man ordnet sich den Gesetzen der Berge unter und versteht ihre Zeichen. Trotzdem weisen die einschlägigen Statistiken eine erstaunliche, meistens sogar die größte Zahl an Unfällen in den Bergen aus, die sich vor allem beim Wandern ereignen. Das hat zwei Gründe: Erstens ist natürlich die Zahl jener, die in den Bergen wandern gehen, unvergleichlich größer als die der klassischen Bergsteiger, Kletterer, Alpinskifahrer, Gleitschirmflieger, Canyoning- und Wassersportler zusammen. Zweitens bewegt sich, bedingt durch diese Zahl und durch die Popularität des Wanderns, eine große Anzahl Menschen in den Bergen, die schlecht oder ungenügend ausgerüstet sind und nicht oder nur wenig über die elementaren Verhaltensregeln in den Bergen informiert sind. Zudem verfügen diese über eine schlechte oder gar ungenügende körperliche Verfassung, eine mangelhafte Gehtechnik in schwierigem Gelände und ein geringes Orientierungsvermögen. Dieses Segment der sich dem Risiko aussetzenden Wanderer gerät bedauerlicherweise bei Wetterumschlägen in Schwierigkeiten. Oder sie werden Opfer von objekti-

WICHTIG

Gehen Sie nie auf eine Tour, ohne über die Gefahren, die Ihnen begegnen können, informiert zu sein.

Nebel: Plötzlich wird es gefährlich. Trekker auf dem Weg zur Mayam Danda, Nepal.

Hoffnung: Ein Wolkenfenster gibt plötzlich den Blick frei über den Loch Hourn, Schottland.

ven oder subjektiven Gefahren, die sie nicht genügend erkennen und einschätzen können. Das ist nicht nötig. Sehr viele dieser bedauerlichen Unfälle beim Wandern könnten vermieden werden, wenn man sich eingehender mit diesen Gefahren befassen würde. Deshalb: Gehen Sie nie auf eine Tour, ohne über die Gefahren, die ihnen begegnen können, informiert zu sein. Ein wichtiges Element ist die persönliche Erfahrung, die von Tour zu Tour natürlich zunimmt. Mit der Zeit schult man die Sinne für die Gefahren und kann ihnen mit der nötigen Erfahrung und Urteilsfähigkeit begegnen. Diese Schulung bedingt jedoch eine dauernde Auseinandersetzung mit allen Gefahren, die uns in den Bergen begegnen. Begeben Sie sich deshalb niemals in einen Gefahrenbereich, ohne vorher eine klare Analyse der Risikosituation gemacht zu haben. Beobachten Sie auch stets den weiteren Wegverlauf, das Gelände oberhalb und unterhalb des Wegs und das sich daraus unter Umständen ergebende Gefahrenpotenzial.

Zu diesem Thema hat sich Goethe gegenüber Eckermann schon geäußert: »Die Natur versteht gar keinen Spaß, sie ist immer wahr, immer ernst, immer strenge; sie hat immer Recht und die Fehler und Irrtümer sind immer die des Menschen.«

Aber trotzdem: Trekking ist eine sehr gesunde, relativ ungefährliche und mit wenig unberechenbaren Risiken gespickte alpinistische Tätigkeit. Die größte Gefahr beim Trekking liegt darin, dass man ihm vollständig erliegt und unter Umständen sehr viel, ja zu viel dafür zu opfern bereit ist, um es regelmäßig zu betreiben.

Objektive Gefahren

Unter objektiven Gefahren verstehen wir gegenständliche, tatsächliche Ereignisse, die eine Gefahr für den Trekker darstellen können. Es handelt sich um von der Natur vorgegebene Tücken – im Gegensatz zu den subjektiven Gefahren, deren Ursache der Mensch selbst ist. Zu den objektiven Gefahren zählen jene, die für die Berge sehr typisch sind: Wechtenbruch, Lawinen, Gletscherspalten, vereiste oder verfirnte Runsen, Steinschlag, Erdrutsche, ausgesetzte und nicht abgesicherte Wegstellen, gefährliche Wasser, wilde Tiere, Sonne, Wetterumschlag, Windböen, Blitzschlag, Hagel, Nebel, Kälte, Nässe sowie gesundheitliche Risiken. Alle diese Gefahren gilt es, im Voraus zu erkennen, bevor man von ihnen überrascht wird. Die meisten kündigen sich rechtzeitig an. Man muss lernen, automatisch und sogar unterbewusst an sie zu denken und ihre Risiken zu berücksichtigen. Die Zeichen der Natur müssen deshalb auch gesehen, erkannt und beobachtet werden. In der Folge handeln wir die wichtigsten Gefahrenherde minutiös ab, dem Wetter und der Höhenkrankheit widmen wir dabei besondere Abschnitte.

Gefahrensignal: Ein Gletscherabbruch mahnt zum zügigen Gehen auf dem Europaweg, Wallis.

Wechtenbruch

Unter normalen Umständen wird ein einfacheres Trekking nicht in Gelände führen, dass mit Wechten gespickt ist. Aber im Hochgebirge muss die Begegnung mit Schnee und Gletschern und ihren Besonderheiten immer berücksichtigt werden. Wechten sind auf verschneiten Bergkämmen anzutreffen. Sie bilden sich durch die Einwirkung des Windes, welcher eine Verfrachtung der Schneemassen bewirkt, meist auf eine spezifische Seite des Kammes (es gibt auch so genannte Doppelwechten, diese sind jedoch eher selten). Die Festigkeit der Wechten ist schwer abzuschätzen, meist sieht man ihre Mächtigkeit und ihre untere Seite nicht, weshalb man unbedingt vermeiden sollte, auf der Wechte zu gehen. Gehen Sie in gehörigem Abstand zum Wechtenrand auf der sicheren Seite, nämlich der Luv- oder der dem Wind zugewandten Seite. Achten Sie stets darauf, ob im Schnee eine Anrisslinie zu sehen ist. Unternehmen Sie angeseilt und gut gesichert allenfalls eine Begutachtung der Wechte, um deren Mächtigkeit und Breite abschätzen zu können. Im Zweifelsfall und bei schlechter Sicht verzichten Sie lieber auf die Herausforderung des Zufalls. Auch hervorragende Bergsteiger sind leider schon in Wechtenbrüchen zu Tode gestürzt, was auch darauf hinweist, dass Wechten oft nicht wahrnehmbar sind und auch spontan (also ohne direkte Einwirkung des Menschen) abbrechen können.

Lawinen

Lawinen gehören eigentlich nicht zu den klassischen Gefahren bei Trekking-Touren, meidet der Trekker doch meist den Schnee. Aber jeder Trekker sollte die Grundprinzipien von Lawinen kennen, denn oft gerät man relativ ahnungslos in einen Gefahrenbereich oder wird von der Lawinensituation oder sogar von Lawinen selbst überrascht.

Lawinen entstehen primär durch einen ungünstigen Aufbau der Schneeschichten in genügend steilem Gelände. Diese Situation entsteht aus der Wechselwirkung von mehreren natürlichen Faktoren, wie Geländeneigung, Neuschneemenge, Wind, Schneedeckenaufbau und Temperatur. Generell unterscheiden wir zwischen Schneebrett-, Lockerschnee- und Staublawinen. Die meisten Lawinen werden von Skifahrern, Bergsteigern, Wanderern oder wilden Tieren ausgelöst, es gibt aber bei genügend Schneefall auch Spontanlawinen, die sich von selbst lösen. Eine akute Lawinensituation entsteht meist unmittelbar nach Schneefall, starkem oder anhaltendem Wind. Schon geringe Neuschneemengen können lokal die Gefahr von Lawinen, meist Schneebrettlawinen, heraufbeschwören. Oft kommt zum Schneefall noch eine ungünstige Windeinwirkung, welche lokal zu erheblichen Schneeverfrachtungen und Treibschneeansammlungen führen kann. Besonders in geneigten Muldenlagen sammeln sich dann größere, instabile Schneemassen an, welche bei Betreten losbrechen können. Eine günstige Voraussetzung für eine Lawine entsteht ferner durch die

Der Schnee und seine Tücken: Der Kangchenjunga von Dzongri, Sikkim

Hangneigung, die Hangexposition und die nötige Gleitfläche und Gleitbahn. Auf einfachen Bergtouren sind es meist Schneebretter, die sehr gefährlich werden. Diese Lawinen können aus Trocken- oder Nassschnee bestehen.

Daneben gilt es, sich die verheerende Wirkung von Staublawinen vor Augen zu halten. Diese schießen auf ausgeprägten, meist lokal bekannten Lawinenzügen über große Höhendifferenzen und mit enormer Geschwindigkeit bis in die Talsohlen. Der in einer Staublawine mitgeführte Schnee wird dabei zu feinstem Schneestaub zertrümmert, der im Nu die Atemwege des Menschen schließen kann. Daneben hat die Staublawine durch ihre Schneemenge und Geschwindigkeit eine enorme zerstörerische Wucht.

Schneebrettlawinen entstehen durch eine mangelnde oder nicht vorhandene Verbindung zwischen der Unterlage (der Boden oder eine alte Schnee- oder Firnschicht) und dem Zuwachs.

Durch das Gewicht der Schneedecke entstehen gewaltige Scherkräfte, denen die verschiedenen Schneeschichten oft nur eine ungenügende Festigkeit entgegensetzen. In einem ausreichend steilen Hang genügt deshalb das Gewicht eines Menschen, um das Gleichgewicht zu zerstören und die Lawinen auszulösen.

Der Lawinensituation muss generell und im Besonderen nach Schneefällen oder Windeinwirkung größte Aufmerksamkeit geschenkt werden. In den Alpen ist eine Information durch die Lawinenbulletins der nationalen Forschungsstellen gewährleistet. In außereuropäischen Gebirgen ist man sehr oft alleine gelassen und auf sich selbst gestellt. Deshalb muss man voll und ganz auf die eigene Erfahrung, die Einschätzung und auch die Intuition zählen können. Auf Grund dieser Tatsachen muss zum Beispiel eine Querung eines mehr als 30 Grad steilen Hanges mit Neuschnee oder Schneeverfrachtungen unterlassen werden, wenn

Gefahrenbereich Gletscher: Ngozumpa, der längste Eisstrom Nepals

das entsprechende Risiko nicht eingeschätzt werden kann oder als zu groß eingeschätzt wird. Ungünstige Schneeprofile oder sogar das unselige »Knacken« oder das »Wumm-Geräusch« im Schnee, wenn man auf ihm geht, sind die Warnsirenen, die es zu beachten gilt und die eindeutig auf einen ungünstigen Schneedeckenaufbau hinweisen.

Über Lawinen sind viele gute Bücher geschrieben worden, welche die Theorie der Materie eingehender beleuchten, als es in diesem Buch möglich ist. Es lohnt sich, sich mit diesem Thema eingehender zu befassen (siehe dazu die Literaturhinweise am Ende des Buches). Zudem sollte ein Lawinensuchgerät und eine Lawinenschaufel mitgeführt werden, wenn die Tour durch hochalpine, verschneite Regionen führen soll. Denken Sie daran: 80% der Lawinenverschütteten haben das Unglück selbst ausgelöst. Der Tod tritt bei Ganzverschütteten in der Regel sehr schnell und durch Ersticken ein.

Gletscherspalten

Es gibt Wanderungen oder Trekkings, in deren Verlauf Gletscher überquert werden oder ihrem Lauf gefolgt werden muss. Dabei gilt eine wichtige Grundregel: Auf dem Gletscher geht man angeseilt! Die Gletscher bestehen aus Eis, das sich durch die Verdichtung des Schnees unter Druckeinwirkung gebildet hat. Eis ist zwar plastisch, d.h. es fließt und verformt sich je nach Zuwachs, Neigung, Bodenformation und Wärmeeinwirkung. Abrupte Geländestufen und dadurch bedingte unterschiedliche Fließgeschwindigkeiten führen jedoch lokal zum Brechen des Eises. Es entstehen Spalten. Dabei bilden sich V- und A-Spalten. Die V-Spalte ist an der Oberfläche meist sehr gut zu sehen und verengt sich nach unten. Bei der A-Spalte ist es gerade umgekehrt. Auf dem Gletscher selbst ist sie meist nicht gut zu sehen (manchmal auf Grund der Geländestruktur nur zu erahnen) oder sie zeigt sich als relativ »harmloser« Riss, dafür verbreitert sie sich nach unten. Eine Spalte tritt meistens nicht alleine auf, in der Regel sind in der Nachbarschaft weitere Spalten zu sehen oder zu finden. Es gibt Kreuzspalten, genauso gibt es auch Spalten, die »boden-

Der Umgang mit den Gefahren soll immer Ernst genommen werden. Trotzdem darf man sich an den Schönheiten der Berge erfreuen.

los« sind, denn sie reichen bis in die tiefsten Tiefen des Gletschereises, man könnte ohne weiteres ganze Kirchtürme in sie hineinstellen. Andere haben nur sehr geringe Tiefen.

Da sich der Gletscher ständig – wenn auch sehr langsam – bewegt, kann sich die Spaltensituation stündlich oder über Nacht völlig verändern. Spalten schließen und öffnen sich, der Gletscher scheint zu atmen. Längs des Gletschers bilden sich zudem Randspalten und der Übergang von einem Firnfeld zu einem Gletscher ist meist durch einen Bergschrund gekennzeichnet, der auf Grund seiner Lage in steilem Gelände ebenfalls erhebliche Schwierigkeiten verursachen kann. Bei schlechter Sicht und besonders nach Neuschnee können Gletscher sehr tückisch werden, werden doch mit Windeinwirkung die Spalten oft mit Schnee bedeckt. Man redet in diesem Fall von »verdeckten« Spalten. Diese Überdeckung führt auch zur Bildung von Schneebrücken, auf denen eine Spalte unter guten Bedingungen überquert werden kann. Die Qualität dieser »Brücken« ist natürlich sehr unterschiedlich. Eine Schneebrücke will genau geprüft sein, bevor man sie betritt. Oft sind Schneebrücken die einzige Möglichkeit, ein Spaltenlabyrinth zu überwinden. Bei der Überquerung einer Schneebrücke ist große Vorsicht geboten, und nur eine Person zurzeit darf sie betreten. Nur am gestreckten Seil kann ein Spaltensturz relativ gut aufgefangen werden.

Vereiste oder verfirnte Runsen

Im Frühjahr und Winter bilden vereiste oder verfirnte Runsen, Rinnen und Gräben eine Gefahr. Viele Wege in den Bergen werden manchmal unvermittelt von solchen Einschnitten – eigentlich kleinen Tälern – im Gelände unterbrochen, welche das Produkt der Wassererosion sind. In der Regel sind in solchen Rinnen zumindest temporär auch kleine Wasserläufe zu finden, welche bei großer Kälte kontinuierlich zu einem regelrechten, oft meterdicken Eispanzer gefrieren können. Dies geschieht meist nachts und tagsüber an schattigen Stellen. Solche Runsen sind im Winter auch ideale Ansammlungsorte für Triebschnee, der im Frühjahr durch die Einwirkung der Wärme- und Kältewechsel nach und nach verfirnt. Ob vereist oder verfirnt, solche Hindernisse dürfen nicht unterschätzt werden. Runsen und Gräben können sehr lang und steil sein, und ein Sturz kann außerordentlich fatale Folgen haben.

Trifft man unterwegs unvermittelt auf einen solchen Gefahrenherd, muss zunächst in aller Ruhe studiert werden, wie man ihn überwinden oder umgehen kann. Manchmal bietet eine enge oder weniger steile Stelle der Runse einen idealen Übergang, manchmal muss bis an das untere Ende der Runse hinuntergestiegen werden oder zumindest bis zu einer Stelle,

Im Idealfall lassen sich gefährliche Steilstufen durch Leitern bezwingen. Weg zur Mischabelhütte, Wallis.

wo diese nicht mehr so steil und gefährlich ist. Je nachdem kann sie auch am oberen Ende überquert werden. Wagt man mangels Alternativen die direkte Querung auf dem durch Eis und Firn verdeckten Weg, müssen angeseilt Stufen geschlagen und die Teilnehmer einzeln angeseilt und gesichert geführt werden. Dabei ist auf eine aufrechte Gangart in den Stufen zu achten. Pickel oder die Wanderstöcken werden dabei auf der Bergseite eingesetzt. Eine zusätzliche Sicherung durch ein bergseitiges Fixseil, das mit Eisschrauben oder Schneeanker befestigt wird, ist eine wichtige und nützliche Vorkehrung, die zur Sicherheit beiträgt. Beim Gang am Fixseil hält man Pickel oder Gehhilfen in der talseitigen Hand, um sich besser am Fixseil halten und damit auf die Spur konzentrieren zu können. Ein Pickel, ein Seil und etwas technisches Material sind für die Überwindung von solchen unangenehmen Runsen von großem Vorteil.

Runsen, Rinnen und Gräben sind auch ideale Sturz- und Gleitbahnen für Stein- oder Eisschlag oder Lawinen. Die Runse muss deshalb ständig beobachtet und die Überquerung möglichst zügig und einzeln vollzogen werden, um sich nicht unnötig weiteren Gefahren auszusetzen. Wartende Teilnehmer tun dies am besten außerhalb der akuten Gefahrenzone.

Steinschlag/Eisschlag

Die Gefahr von Steinschlag steigt in der Regel bei beginnender Sonneneinstrahlung an steileren Hängen oder wenn sich Tierherden oder Menschen über Ihnen in weglosem Gebiet bewegen. Hier hilft das Gehör und die Beobachtung. Mit Geduld und Beobachtungsgabe kann man mit der Zeit den Steinschlag beinahe »riechen«. Gewisse Hänge sind geradezu prädestiniert für Steinschlag.

Dieser hat den Vorteil, Spuren zu hinterlassen. Vielfach sind Einschlagspuren zu sehen und am Fuße solcher Hänge sind heruntergefallene Steine meist in größerer Anzahl zu beobachten. Eine Geröllhalde unterhalb eines Hangs ist der Hinweis, dass es hier oft Steine »regnet«. Weisen diese Steine sehr frische Bruchkanten auf, so muss jederzeit mit »Niederschlag« gerechnet werden. Während größere Abgänge auf Grund instabiler Felsstrukturen meist von weitem sicht- oder hörbar sind und oft auch nur eine temporäre Gefahr darstellen, ist der Niedergang von vereinzelten Brocken natürlich meist nicht vorauszusehen.

Gefährliche Orte sind Steilhänge, Runsen, Kerben und Rinnen in steileren Hängen, wo sich die Niedergänge sammeln und oft auch noch andere liegende Steine mitreißen. Diese Zonen sind vor dem Begehen genau zu beobachten. Eine Querung muss immer einzeln und in gehörigem individuellen Abstand erfolgen. Dies vermindert das Risiko erheblich und vergrößert den Fluchtraum des Einzelnen, wenn über ihm Steine kollernd zu Tale schießen sollten. In einem solchen Fall stehen dem Gefährdeten drei Varianten zur Verfügung: erstens die schnelle Flucht aus der Gefahrenzone, zweitens das Niederkauern hinter großen Felsen, welche Schutz versprechen. Sind beide Möglichkeiten nicht zu bewerkstelligen, kann sofortige Liegestellung und der Schutz des Kopfes durch den Rucksack vielleicht noch helfen. Bei Verletzung ist an eine schnelle Bergung aus dem Gefahrenbereich zu denken, denn ein Stein kommt selten allein. Achten Sie beim Gehen immer darauf, selbst nie Steine loszutreten und nie selbst einen Steinschlag auszulösen. Die Menschen unter Ihnen werden es Ihnen danken.

Eisschlag bildet sich meist an Gletscherabbrüchen oder an Gletscherenden, die über Steilstufen liegen. Bei den Gletschern ist weniger die Tageszeit und die Sonneneinstrahlung maßgebend, sondern der Fluss des Gletschers, der Eisdruck und die Eisspannung. Eisschlag kann zu jeder Tages- und Nachtzeit auftreten. Solche Gefahrenzonen sollte man wenn immer möglich meiden und großräumig umgehen, denn spontane Abbrüche sind völlig unberechenbar und ihre Größe variiert von Ereignis zu Ereignis. Eisbrocken auf der Route und blaues Eis an der Bruchstelle sind sichere Indizien für eine akute Gefahr.

Erdrutsche

Erdrutsche sind lokale Ereignisse und bislang Phänomene, die eher selten eine echte Gefahr für Wanderer darstellen. Sie können aber spontan nach heftigen Niederschlägen an steilen Hängen auftreten. Es gibt langsame Rutsche, deren Anriss gut zu beobachten ist, aber auch spontane Rutsche, Schlammlawinen und Muren, die sich während oder nach Ge-

Durch seismische Einflüsse und Erosion können auch gefährliche Erdspalten entstehen. Meme und seine Pferde umgehen diese seltene Erscheinung in Rupshu.

wittern oder heftigen Niederschlägen lösen, sehr große Geschwindigkeiten erreichen und deshalb Menschen überraschen können. In der letzten Zeit konnten wir beobachten, dass sich die Heftigkeit der Niederschläge auf Grund der weltweiten Klimaerwärmung erhöht hat. Die Saugfähigkeit des Bodens ist aber gleich geblieben, weshalb sich im Untergrund größere Wasseransammlungen und Taschen bilden können, die den Humus in einen flüssigen Brei verwandeln. Deshalb wird auch die Gefahr von Erdrutschen tendenziell immer größer. Zudem haben sich in vielen Ländern wegen der intensiven Nutzung des Geländes durch Abholzung und Beweidung und durch erhebliche Bodenerosion relativ instabile Verhältnisse gebildet, die beobachtet werden wollen.

Ausgesetzte und nicht abgesicherte Wegstellen

In Europa sind Bergwege in der Regel recht gut unterhalten und Überraschungen in Form von sehr ausgesetzten oder nicht abgesicherten Wegen ergeben sich lediglich kurzfristig nach lokalen Ereignissen wie Gewittern, Erdrutschen, Muren und Steinschlägen. So schnell, wie diese Behinderungen auftreten, so schnell werden diese auch markiert und von fleißigen Händen wieder beseitigt. Außerhalb von Europa kommt es öfter vor, dass sich Wanderer und Trekker wundern, wo es nun weiter geht, da Wege häufiger unterbrochen und beschädigt sind oder gar nicht unterhalten werden. In diesen Fällen ist es wichtig zu wissen, wie bei ausgesetzten und nicht abgesicherten Wegstellen vorzugehen ist.

Meist besteht eine Alternative, die zwar nicht markiert und vielleicht auf den ersten Blick auch nicht sichtbar ist, aber dennoch existiert. In den Ländern des Südens werden die Wege ja viel mehr als bei uns von der Lokalbevölkerung für ihre täglichen Verrichtungen, Markt-

Kombiniertes Gelände: Eine unwegsame Blockhalde geht in ein Firnfeld über. Abstieg vom Zwischbergenpass, Wallis.

gänge oder als Schulweg usw. benutzt. Die Menschen sind dort eigentlich sehr viel mehr auf ein einigermaßen intaktes Wegenetz angewiesen. Deshalb wird meist von den ersten Leuten, die an eine durch Erdrutsch oder dergleichen verschüttete Wegstelle gelangen, ein provisorischer Alternativweg hergerichtet, der sich durch die häufige Benutzung dann langsam zum Hauptweg entwickelt. Bei größeren Ereignissen kann es sein, dass der Weg plötzlich an ganz einem anderen Ort oder gar auf der anderen Talseite entlang führt. Es ist also ratsam, sich dauernd über die Qualität des Wegs und dessen Verlauf mit den Einheimischen oder auch anderen Trekkern, die Ihnen begegnen mögen, zu unterhalten. Dabei muss beachtet werden, dass Auskunftspersonen lediglich auf eine Frage zu antworten pflegen und meist nicht von sich aus mit Informationen, die uns ebenfalls interessieren könnten, herausrücken. Viele Leute in den Bergen ferner Kontinente können sich einfach nicht vorstellen, was wir alles *nicht* wissen. Die Auskünfte müssen überall immer wieder bestätigt werden, denn ein Informant allein ist in der Regel nicht zuverlässig genug. Erst das Bild, das aus mehreren Mosaiksteinen besteht, wird einigermaßen Klarheit verschaffen und unliebsame Überraschungen vermeiden helfen.

Kalte Gewalt: Mit Tamarisken bestandener Bach im Stok Gebirge, Ladakh

Riskante Begehungen von Erdrutschen und Felsstürzen sind zu vermeiden, vor allem, wenn diese sich erst kurz vor Ihrer Ankunft losgelöst haben. Bietet sich keine Alternative, ist selbst eine zu schaffen. Dabei spielt die Beobachtung des Geländes und dessen Gefahren eine wichtige Rolle. Eine Gruppe verharrt derweil meist besser an einem sicheren Ort und sendet ihre Kundschafter aus, bevor sie sich für die eine oder andere Variante entscheidet. Heikle Passagen und ausgesetzte Wegstellen sind mit Fixseilen abzusichern oder unsichere Teilnehmer zu führen und anzuseilen. In solchen Lagen helfen ein leichtes Seil oder eine Reepschnur und ein paar Felshaken. Bei einem Karawanen-Trek mit Tragtieren kommt es oft vor, dass die Pferde, Yaks oder Kamele andere Wege wandern als die Teilnehmer. Stehen heikle Passagen bevor, können unsichere Teilnehmer mit Vorteil mit den Tragtieren mitgesandt werden, denn deren Wege müssen naturgemäß besser beschaffen sein.

Gefährliche Wasser

Auf gewissen Trekkings außerhalb von Europa müssen auch einmal Flüsse und Bäche durchwatet werden, da keine Brücken und Stege vorhanden sind oder diese weggespült wurden. Wasser hat eine außerordentliche Gewalt. Im Verbund mit der natürlichen Kälte, die Bergbäche nun einmal aufweisen, kann ein Straucheln, auch in einem harmlos aussehenden

Gewässer, fatal werden. Erkundigen Sie sich rechtzeitig nach Alternativen (Umgehungen, Umwege, provisorische Stege), um eine kritische Durchwatung zu vermeiden. Tragen Sie bei der Querung von Gewässern wenn immer möglich Turnschuhe oder Sandalen. Unsere Füße sind es leider nicht mehr gewohnt, in kaltem Wasser auf spitzen Steinen zu balancieren. Zudem können Scherben auf dem Bachgrund sehr gefährliche Verletzungen verursachen. Meist führen die vom Schmelzwasser genährten Bäche am frühen Vormittag am wenigsten Wasser. Warten Sie wenn nötig am Ufer, bis der Pegelstand sinkt. Beobachten Sie während des Wartens den Wasserstand. Merken Sie sich dazu am Abend eine bestimmte Stelle, um die Veränderungen bis zum Morgen festzustellen. Sichern Sie die Überquerung eines heiklen Gewässers wenn nötig mit einem Fixseil und seilen Sie sich zudem an. Queren Sie das Wasser an einer möglichst breiten, seichten Stelle, leicht schräg hinunter in Fließrichtung. Gehen Sie nicht barfuß, sondern tragen Sie Turnschuhe und kontrollieren Sie den Gang mittels Wanderstöcken und indem Sie Ihren Begleitern die Hände reichen. Sind Tragtiere (besonders Pferde) dabei, halten Sie sich am Sattel, bleiben Sie auf der Bergseite eng auf Tuchfühlung mit dem Pferd, lassen Sie aber die Hufe nicht aus den Augen, denn ein beladenes Pferd ist schwer. Queren Sie das Gewässer geschwind, aber kontrolliert, trocknen Sie sich die Füße nach Ankunft am anderen Ufer sofort mit einem Frottiertuch ab. Generell ist bei Lagerstätten nahe von Bergbächen Vorsicht geboten. So idyllisch ein solcher Platz auch sein mag, der Wasserstand eines Bergbachs kann sich auf natürliche (oder im Fall von Restwasser eines Kraftwerks auch auf unnatürliche) Weise schnell und stark ändern. Der Ausbruch nur einer kleinen Wassertasche in einem Gletscher über Ihnen kann Sie sogar in Lebensgefahr bringen. Generell sollte man bei längeren Rasten und Campings die unmittelbare Nähe des Wassers meiden. Eine Veränderung des Geräuschpegels sollte bei Ihnen die Alarmglocken läuten lassen: Wird der Bach lauter, bringt er auch mehr Wasser; wird das Gewässer unvermittelt leiser, so kann dies darauf hindeuten, dass er weiter oben kurzfristig gestaut wurde. Bei Losbrechen dieser Staumasse kann es bereits sehr brenzlig werden.

Wilde Tiere

Meist sind es eher die kleineren Biester, die lästig und gefährlich werden können. Mücken, Moskitos, Flöhe, Wanzen, Zecken, Bremsfliegen, Spinnen (90% aller Spinnen sind giftig!), Blutegel, Skorpione, Mäuse, Ratten und Schlangen müssen da erwähnt werden. In den entsprechenden klimatischen Zonen muss man auf einiges gefasst sein. Mücken gibt es übrigens auch im hohen Norden. Gegen Insekten helfen Schutzmittel und nachts Netze, anderes Getier vertreibt man mit Lärm und Erschütterung. Blutegel können sich in den Subtropen während des Monsuns eher unangenehm bemerkbar machen. Sollten Sie von Blutegeln befallen werden, versuchen Sie, diese mit Schnupftabak, Salz oder lokal verwendeten Mitteln zu vertreiben. Vor Schlangen ist Angst ein schlechter Ratgeber. Diese entfernen sich meist sehr schnell, sobald sie die Bodenerschütterung verspüren, die wir beim Gehen verursachen. Es kann jedoch sein, dass eine Schlange in unterkühltem Zustand nicht schnell genug reagiert oder mitten auf dem Weg aufgerollt an der warmen Sonne döst oder gar schläft. Mit Wanderschuhen und langen Hosen ist man relativ gut geschützt gegen die abrupten Verteidigungsreaktionen von Schlangen, sollte man diesen zu nahe kommen. Schauen Sie auch jeweils

Wolfsfalle: Sie deutet darauf hin, dass es Wölfe gibt. Diese steht am Tsho Kar in Rupshu.

dorthin, wohin Sie mit den Händen greifen! In Gebieten mit stark giftigen Schlangen ist es vorsichtiger, auch Serum mitzuführen und sich mit dessen Anwendung genau vertraut zu machen.

Tollwütige Tiere sind häufiger, als man gemeinhin denkt. Deshalb: Vermeiden Sie immer den direkten Kontakt mit fremden, streunenden Tieren.

Die größeren Kaliber von Tieren (es sind hier nur einige erwähnt, die auch in den Gebirgen vorkommen können) unterteilen sich in drei Kategorien: die eher harmlosen (Nutztiere, Steinböcke, Gemsen, Bergschafe, Bergziegen, Antilopen, Wildpferde und -esel, Murmeltiere, Vögel, Adler), die eher scheuen (wie Geier, Schakale, Wildkatzen, Kojoten, Füchse, Wölfe, Affen, Puma, Leoparden) und die eher angriffslustigen (wie Bären, Wildrinder, Tiger, Löwen). Bei der Kategorie »harmlos« sind wir froh, wenn diese Tiere etwas bleiben, damit wir sie beobachten können. Schafe und Ziegen können auch einmal etwas neugierig

Gefahr Schlucht: Diese nicht ganz ungefährliche Tyrolienne überwindet elegant den Buri Gandaki, Nepal.

sein und einen Blick in den offenen Rucksack wagen. Stiere, Widder und Ziegenböcke üben manchmal ein gewisses Imponiergehabe, auch gegenüber Menschen. Bei der Kategorie »scheu« darf man sich durchaus fragen, ob diese Tiere denn auch wirklich wissen, dass sie »scheu« sind. In der Regel wird man sie nur für kurze Zeit beobachten können, denn bei Witterungsaufnahme verschwinden sie. Ein Rudel Wölfe mag, von der Neugier geplagt, gelegentlich etwas verweilen, Sie eine Zeit lang begleiten oder sogar »Kundschafter« aussenden. Wölfe sind jedoch keine Menschenfresser. Das ist ein betrübliches Ammenmärchen aus längst vergangener Zeit, das leider überlebt hat (der Wolf selbst hat hingegen an vielen Orten nicht überlebt). Die letzte Kategorie erfordert gewisse Vorsicht, vor allem Muttertiere mit Jungen können völlig unberechenbar werden. Der beste Schutz, z.B. in Gebieten mit Bären, ist ein Glöckchen am Rucksack, das Sie über weite Strecken »anmeldet«. Der Bär (oder auch andere größere Gebirgstiere, meist Einzelgänger) wird sich danach kaum blicken lassen, sondern sich relativ still im Unterholz entfernen. Eine unerwartete, plötzliche Begegnung mit einem wilden Tier ist höchst unwahrscheinlich. Sollten Sie aber trotzdem überrascht werden oder ihrerseits ein wildes Tier überraschen, so bleiben Sie ruhig stehen, beobachten Sie das Tier im Augenwinkel (direkter Augenkontakt kann sehr unangenehme Folgen haben), suchen Sie sich einen Fluchtort (z.B. einen Baum oder einen Felsen in Reichweite, den Sie erklettern könnten). Bei einem Angriff (manchmal sind es aber auch nur Scheinangriffe) entledigen Sie sich blitzschnell Ihres Rucksacks und entfernen Sie sich. Das Tier wird nun zunächst den Rucksack beschnuppern oder zerbeißen, dies gibt Ihnen Zeit, Ihren Fluchtort zu erreichen. Geschieht kein Angriff, so können Sie sich nach einer gewissen Zeit ganz langsam seitlich entfernen, damit das Tier sieht, dass Sie keine bösen Absichten hegen. (Das Tier hat nämlich auch Angst!)

ACHTUNG

Die objektiven Gefahren der Berge sind nicht dazu da, uns Angst einzujagen. Sie verlangen nur den nötigen Respekt.

Subjektive Gefahren

Subjektive Gefahren gehen vom Menschen selbst aus. Während bei den objektiven Gefahren die Natur die Gefahrenherde bereit hält, sind die subjektiven Gefahren eine Eigenproduktion. Als Hauptursachen gelten hier: Mangel an alpiner Erfahrung und eine unzureichende körperliche Kondition. Deshalb muss man sich vor Beginn einer Trekking-Reise immer fragen, ob man den alpinen Herausforderungen der Unternehmung gewachsen ist und die körperliche Fitness dafür ausreicht.

Mangel an Erfahrung

Wie wir in Zusammenhang mit den generellen Gefahren in den Bergen bemerkt haben, muss die alpine Erfahrung den Herausforderungen einer Wanderung in den Bergen vollauf genügen. Die alpine Erfahrung besteht im Wesentlichen im Beurteilen von Situationen und Wetter, in der korrekten Handhabung von technischen Geräten und Orientierungsmitteln. Erfahrung erlangt man am besten dadurch, dass man mit erfahrenen Leuten wandert und von deren Kenntnissen profitiert. Dies bedingt jedoch, dass man sich den wirklich erfahrenen Personen anvertraut und auch bereit ist, deren Ratschläge zu akzeptieren. Ein gewisses Maß an Erfahrung werden Sie auch ganz von selbst gewinnen, besonders dann, wenn Sie selbst in eine heikle Situation gelangen und den Ausweg daraus selbst suchen müssen. Nun sollten aber solche Selbstschulungen nicht gesucht und überspannt werden, denn sie könnten Sie in unnötige, ja auswegslose Schwierigkeiten bringen. Vertrauen Sie zunächst auf erfahrene Bergführer und Trekkingleiter und lernen Sie konsequent von diesen, bevor Sie sich allzu weit auf einen Ast hinauswagen. Vorsicht ist bekanntlich die Mutter der Porzellankiste, und nur vorsichtige Bergsteiger werden alt.

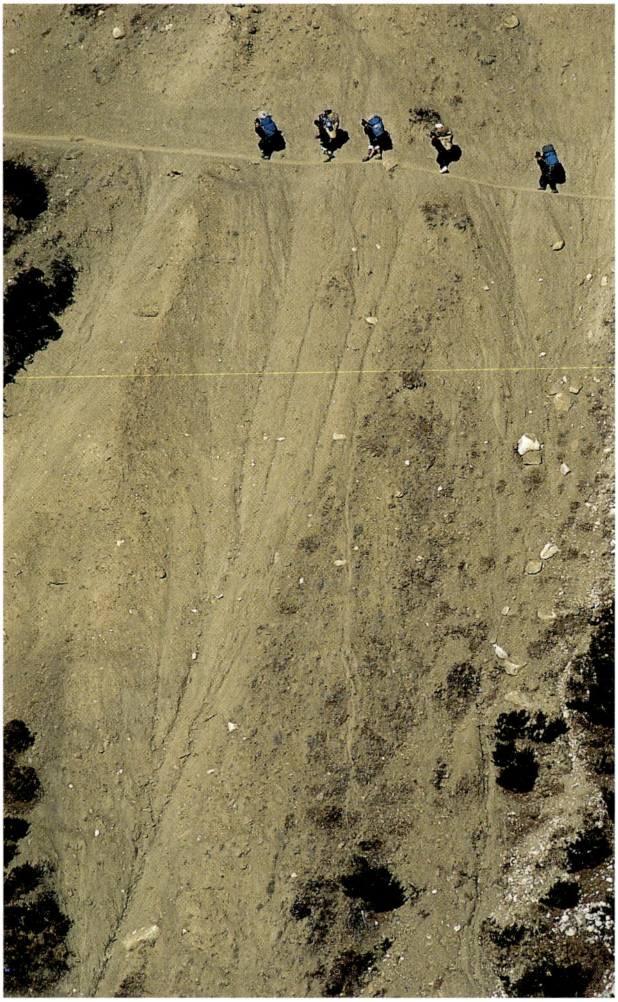

Erfahrung ist gefragt: Träger queren eine steile Runse am Larkya La, Nepal.

Manchmal gesellt sich auch in der Euphorie der Planung eine gewisse Selbstüberschätzung dazu. Es ist ja schön, wenn Sie eine wirklich lohnende Route zu Hause in der warmen Stube mit dem Finger auf der Karte abtasten oder in einfachem Gelände mit kurzen Touren und bei gutem Wetter gewisse Erfahrungen sammeln konnten. Das alles prädestiniert Sie jedoch nicht, sofort in wesentlich schwierigere und längere Unternehmungen einzusteigen. Ein Violinschüler, der erst die Tonleiter beherrschen gelernt hat, wird in diesem Stadium zwangsläufig an einem komplizierten Stück von Paganini scheitern müssen. Das Können, der Erfahrungsstand und die körperliche Kondition müssen immer langsam angereichert werden. Schritt für Schritt werden Sie dabei mehr Erfahrung gewinnen und immer heiklere Situationen meistern, ehemals als »heikel« eingestufte Situationen werden Ihnen plötzlich vertraut und Sie werden diese mit Ruhe und Umsicht meistern. Vernachlässigen Sie vor allem nie die nötige Sicherung bei kniffligen Passagen, auf Gletschern und in vereisten oder verfirnten Rinnen. Wenige Minuten, für eine effiziente Sicherung investiert, sind wesentlich kürzer, als die Stunden, Tage, Wochen, Monate oder gar Jahre, die Sie bei einem Unfall verlieren.

Sehr wichtig ist es, dauernd »auf Draht« zu sein, also dauernd aufmerksam zu bleiben und auch bei eintretender Müdigkeit die Augen und Ohren den Zeichen der Natur nicht zu verschließen. Die dauernde Beobachtung der Natur und deren Zeichen, des Geländes und des Wetters, dies immer in Relation zur Tageszeit und zur körperlichen Befindlichkeit, ist eine äußerst wichtige, ja lebenswichtige Grundlage bei einem Trekking im Gebirge. Besonders am Nachmittag eines langen Trekkingtages oder generell beim Abstieg nimmt die Konzentrationsfähigkeit ab. In diesen Situationen gilt es, sich noch einmal zusammenzureißen und den Tag oder den Abstieg konzentriert und aufmerksam zu beenden.

Unzureichende körperliche Verfassung

Vielfach geraten Trekker in Schwierigkeiten oder müssen ihre Reise vorzeitig abbrechen, weil sie einfach nicht über die nötigen physischen und/oder psychischen Voraussetzungen für die geplante Tour verfügen. Ein mehrtägiges oder gar mehrwöchiges Trekking ist vor allem eine ansehnliche Ausdauerleistung. Kumuliert werden teilweise eine enorme Anzahl von Höhenmetern im Auf- und Abstieg bewältigt. Die körperliche Fitness ist dabei ein sehr wichtiges Element. Zunächst muss man sich intensiv mit regelmäßigen sportlichen Aktivitäten und wiederholten längeren Wanderungen auf ein Trekking vorbereiten. Dabei bringen tägliche, regelmäßige Betätigungen wesentlich mehr, als ein Mal in der Woche eine Gewalttour zu unternehmen. Wichtig ist zudem eine vernünftige Reiseplanung ohne Ambitionen und deren strikte Einhaltung vor Ort. Zu den körperlichen Strapazen gesellen sich in der Regel andere Probleme, welche der körperlichen Leistungsfähigkeit nicht unbedingt förderlich sind: kurzfristige gesundheitliche Gebrechen und Leiden, Probleme bei der Höhenanpassung, Kälte, Nässe, Hitze und Trockenheit, Zeitumstellung, Umstellungen in der Nahrung, Schlafstörungen etc. Diese Begleiterscheinungen, die sich nach Beginn einer Trekking-Reise einstellen können, verlangen nach einer entsprechenden psychischen Stärke, um mit ihnen fertig zu werden. Auf dem Trek kann man bei genügender Vorbereitung die Kondition sicher festigen. Die Grundkondition dazu will jedoch vorher erarbeitet sein.

Warnzeichen beachten, Risikobeurteilung vornehmen! Hier geschieht dies in Thaktsang, Rupshu.

ACHTUNG

Die subjektiven Gefahren sind oft heimtückischer als die objektiven, weil man sie nicht sehen kann.

Falsche Planung

Eine der heimtückischsten subjektiven Gefahren ist eine falsche, zu ehrgeizige Planung. Es kann vorkommen, dass man sich bei der Vorbereitung eines Trekkingtages vollkommen verschätzt, seine eigenen und die Fähigkeiten der Reisebegleiter völlig überschätzt oder unterwegs durch Wetter, körperliche Verfassung, Hindernisse etc. daran gehindert wird, das Tagesziel innerhalb einer nützlichen Frist zu erreichen. Gefragt ist dann die weise Einsicht und nicht das sture Festhalten an einem falschen Plan. Machen Sie nach Einkehr der Erkenntnis eine kühle Lagebeurteilung und suchen Sie sich ein näher gelegenes Tagesziel oder ändern Sie bei Bedarf oder nach Möglichkeit die Route. Achten Sie in solchen Situationen darauf, dass Sie immer genügend Trink- und Essbares dabei haben.

Wandern soll immer Spaß machen. Deshalb ist wichtig, dass Sie sich und Ihre Fähigkeiten (Kondition, Kraft, Trittsicherheit, Schwindelfreiheit, psychische Verfassung, Orientierungsvermögen) nicht überschätzen. Beginnen Sie die Saison mit kurzen Wanderungen und steigern Sie sich langsam. Starten Sie Ihre Tour immer so früh am Morgen wie möglich. Bauen Sie bei Ihren Wanderungen eine genügend große Zeitreserve ein, die auch Pausen enthält. Es ist wichtig, stets eine gewisse Reserve an physischer und psychischer Kraft zu haben, damit man »zulegen« kann, wenn es die Situation (Schlechtwetter, Notfall usw.) erfordert.

Beginnen Sie die Wanderung nie, wenn das Wetter für das gewählte Ziel zu unsicher oder zu schlecht ist. Wenn das Gelände für Ihre Begriffe nicht oder nicht ausreichend sicher

begehbar ist oder Sie im Zweifel über den weiteren Wegverlauf sind, kehren Sie um. Entscheiden Sie sich im Zweifelsfall immer für den Rückweg auf der Ihnen bekannten Route, anstatt einem Pfad ins Unbekannte zu folgen: Den Weg, den Sie gekommen sind, kennen Sie nämlich bereits. Nehmen Sie keine (vermeintlichen) Abkürzungen, die Sie nicht kennen, sondern bleiben Sie auf der Route. Fragen Sie im Zweifelsfall andere Wanderer, Einheimische und Hüttenwarte, aber vertrauen Sie ihnen nicht blindlings. Auch Spuren im Schnee können unter Umständen trügerisch sein. Lassen Sie sich nicht dazu verleiten, Geländepartien zu begehen, die Ihre physischen und psychischen Fähigkeiten übersteigen. Schon mancher Wanderer wurde an ausgesetzter Stelle plötzlich von Schwindel oder Unsicherheit befallen und konnte weder vorwärts noch zurück.

Alleingang

Der Alleingang in den Bergen wird als sehr risikobehaftet angesehen. Tatsächlich ist jedoch der Anteil der Unfälle im Gebirge mit Alleingängern recht marginal. Das hat damit zu tun, dass sich der Grundsatz, möglichst nicht alleine zu gehen, durchgesetzt hat. Andererseits werden Alleingänge in der Regel von sehr erfahrenen Bergsteigern und Trekkern durchgeführt, was das Risiko entsprechend vermindert. Eine elementare Grundregel lautet dennoch: Das Gebirge ist nichts für Alleingänger. Gerät man in einsamer Gegend alleine in eine

Richtige Planung: Genussvoller Abstieg vom Sgurr na Ciche zum Loch Nevis, Schottland.

Über den Wolken ... Oft ist das Wetter vielschichtig, wie hier in den Highlands, Schottland.

kritische Situation oder erleidet gar einen Unfall, so ist da niemand, der helfen oder Hilfe organisieren kann. Verlassen Sie sich immer auf erfahrene, Ihnen bekannte Begleiter, zu denen Sie das nötige Vertrauen haben. Fassen Sie bei überraschenden Ereignissen gemeinsam einen Beschluss und ziehen Sie diesen konsequent durch.

Wetter

Trekking und Wandern sind sportliche Tätigkeiten, die im Freien, in der Natur, im Gebirge stattfinden. Somit ist man automatisch den Wetterabläufen und Wetterkapriolen ausgesetzt. Das Wetter ist ein natürliches Phänomen, es gilt also, seine Entwicklung dauernd im Auge zu behalten, seine Zeichen zu interpretieren und zu verstehen. Heute wird die eigentliche Beobachtung zusätzlich durch technische Geräte (z.B. den Höhenmesser, der als Barometer funktioniert) und durch professionelle Wettervorhersagen ergänzt. Der sensibelste Barometer und die beste Wetterprognose nützen Ihnen jedoch wenig, wenn sich die Wetterentwicklung plötzlich beschleunigt und ein Gewittersturm oder eine Kaltfront schneller bei Ihnen angelangt, als Sie dies angenommen hatten. Besonders im Gebirge kann durch lokale Phänomene eine ungeahnte Beschleunigung eines Wetterwechsels möglich werden. Zu den direkten Auswirkungen des schlechten Wetters (Wind, Regen, Schnee, Hagel, Blitz, Nebel, Nässe, Kälte) kommen manchmal noch objektive Gefahren als Folge des Wetterumsturzes (Steinschlag, Erdrutsche, Murgänge, Hochwasser). Alle diese Elemente können dermaßen gefährlich und unberechenbar werden, dass eine kontinuierliche Beobachtung der Wetterentwicklung unerlässlich ist. Des Weiteren drängt sich im Gebirge eine adäquate Bekleidung auf. In den Bergen gibt es kein Pardon, es gibt auch kein schlechtes Wetter, aber es gibt schlechte Kleidung! Die Natur macht keine Fehler, der Mensch jedoch schon.

Sonne

Auch bei gutem Wetter lauern Gefahren! Durch die klare, durch natürlichen und industriellen Staub nur marginal kontaminierte Gebirgsluft dringt das Sonnenlicht nur wenig gefiltert auf den Boden. Die Intensität der Sonne kann durch das Reflektieren durch Schnee und – noch heimtückischer, weil nicht unmittelbar sichtbar – bei Nebel noch wesentlich erhöht werden. In solchen Situationen ist die Gefahr von Schneeblindheit latent. Ein konsequenter Schutz der Augen durch eine sehr gute Sonnen- oder Gletscherbrille ist deshalb in den Bergen (auch bei geringerer Sonneneinstrahlung) ein Muss. Durch den Abbau der Ozonschicht in der oberen Atmosphäre gelangen zudem die gefährlichen UV-Strahlen wesentlich ungehinderter zu uns. Die Konsequenz ist eine entsprechende Prävention durch einen ausreichenden Schutz gegen die Sonnenstrahlen. Dieser ist gewährleistet durch eine leichte, helle Kopfbedeckung, durch eine gute Sonnenbrille mit Seitenschutz (und eine Ersatzbrille im Futteral, falls die Brille, die Sie tragen, beschädigt wird oder verloren geht!), durch eine bewährte, vor Beginn der Tour aufgetragene Sonnencreme mit hohem Schutzfaktor oder noch besser Blockwirkung, unter Umständen durch helle Kleider mit langen Ärmeln und Hosenbeinen, um die Extremitäten optimal abzudecken. Körperteile, die Sie unter normalen Umständen nicht der Sonne aussetzen, sollten Sie auch im Gebirge nicht in die grelle Sonne halten. Das ist in höchstem Maße ungesund und führt zu Sonnenbrand und unter Umständen sogar zu bleibenden Hautschäden. Die Nase ist der Sonne oft sehr stark ausgesetzt. Einerseits wird sie meist durch die Kopfbedeckung nicht genügend abgedeckt, andererseits werden die Sonnenstrahlen von der Sonnenbrille auf die Nase reflektiert. Ein Nasenschutz und wiederholtes Einreiben mit bewährten Mitteln während des ganzen Tages verhindern hier Hautschäden. Vergessen Sie auch nicht, die Ohren genügend zu schützen. Diese Kopfpartie wird beim Einreiben oft vergessen. Normalerweise tragen wir während des Jahres oft Hemden, Blusen oder Rollkragenpullover, bei denen der Hals gut geschützt wird. An einem heißen Sommertag im Gebirge kleiden wir uns eher mit einem T-Shirt, das den Hals nicht mehr schützt. Das Einreiben nutzt dann meist auch nicht mehr viel, schützen Sie also den Hals zusätzlich mit einem leichten Halstuch. Generell ist das Abdecken von Haut durch leichte, helle, zweckmäßige Bekleidung vernünftiger als der Hautschutz durch Sonnenschutzmittel.

Neben der Strahlungseinwirkung gilt es, den Wärmehaushalt im Körper zu überwachen. Bei starker Sonneneinstrahlung und Windstille können die Temperaturen drastisch ansteigen, was zu Wärmestau und sogar Hitzschlag führen kann. Eine Kopfbedeckung ist ein gutes Mittel gegen Hitzschlag, das rechtzeitige Ablegen von warmer Kleidung, z.B. im Aufstieg in der Sonne, verhindert Wärmestau. Auch bei Hitze ist Prävention die beste Methode. Bei heißen Temperaturen tendiert man, stark zu schwitzen. Dieser Vorgang kühlt durch Verdunstung auf der Haut, hat aber die unangenehme Nebenwirkung, dass die Kleider nass werden. Im Schatten und bei Wind kann dies sofort wieder zu Erkältungen oder sogar Unterkühlungen führen. Trocknen Sie sich deshalb bei den Rasten immer mit einem Frottiertuch ab.

Die Sonne und der Mond eignen sich auch zur Wetterbeobachtung. Wird die Sonne (oder der Mond) von einem oder mehreren großen Regenbogenkreisen (so genannte Halos) umgeben, so ist schlechtes Wetter im Anzug. Halos werden in hohen Eiswolken, Cirrostratus, sichtbar. Dieser Wolkentyp kündigt häufig eine Warmfront eines nahenden Tiefdruckgebiets an.

Wetterumschlag und Gewitter

Viele ernsthafte Situationen ergeben sich bei schnellen Wetterumschlägen und Wetterstürzen. Die topografische Situation in den Gebirgen eignet sich in besonderem Maße zu abrupten, manchmal schwer voraussehbaren Wetterverschlechterungen. Diese sind meist verbunden mit Niederschlägen, verminderter Sicht, Windböen und teilweise erheblichen Temperaturstürzen. Diese schnellen Wetterveränderungen bergen nicht unbedingt existenzielle Gefahren, vorausgesetzt, man verfügt über genügend körperliche Ressourcen, gute, Schutz bietende Kleidung und einen geeigneten Fluchtort (Hütte, Haus, Zelt). Deshalb ist es wichtig, dass man sich auf einer Tour immer nur so verausgabt, dass man auch am Ende des Tages mit einer unerwarteten, vielleicht sogar ernsthaften Situation fertig werden kann. Dies ist ein weiterer Grund, die Tour nicht zu überziehen und nicht zu viel hineinzupacken.

Die gefährlichsten Wetterstürze geschehen bei Gewittern, die meist ebenso schnell verschwinden, wie sie gekommen sind. Gewitter werden begleitet von ergiebigen Niederschlägen, Windböen und Blitzschlag. Es ist wichtig, dass Sie dabei jederzeit wissen, wo Sie sind, denn Nebel und dichte Wolken können bei einem Gewitter als begleitende Erschwernisse sehr schnell einfallen. Gute Wege können sich bei einem Wetterumschlag in schlechte, ja bedrohliche verwandeln. Blitzschnell kann in den Bergen an einem sonnigen Tag ein Gewitter aufziehen, dichte Wolken verdunkeln dann die Sonne und Nebel raubt dem Wanderer die Sicht. Es wird kalt, beginnt zu regnen oder – das ist auf Höhen über 2500 Meter auch im Sommer möglich – zu schneien. Informieren Sie sich deshalb stets über die Wetterentwicklung und beobachten Sie das Firmament und den Höhenmesser. Starten Sie morgens so früh wie möglich und nur bei zweifelsfreien Witterungsbedingungen, und treten Sie den Rückzug an, wenn Sie der Wetterentwicklung nicht mehr trauen. Werden Sie trotz allem von einem Gewitter überrascht, verlassen Sie sofort exponierte Punkte wie Grate, Gipfel und freie Flächen, einzelne Bäume oder Masten. Am sichersten sind Sie im Wald oder in Kauerstellung, die Füße eng beisammen, an einem trockenen Ort. Meiden Sie hingegen Felsnischen und einzelne Felsblöcke.

Wind und Windböen

Starke lokale Winde und Böen begleiten meist Gewitter und Wetterstürze. Sie können gefährlich für den Wanderer werden, wenn sich dieser auf einem ausgesetzten Grat befindet oder im Bereich von stürzenden Bäumen oder in Steinschlaggebieten. Starke Winde können Steinschlag auslösen und lokal der Grund für gefährliche Schneeverfrachtungen sein, die sich eventuell in Spontanlawinen oder Schneebrettern lösen. Bei Windböen ist es sehr ratsam, sich an einen geschützten Ort (Hütte, Felsenhöhle, Felsüberhang) zu begeben, um dort in Sicherheit die weitere Entwicklung abzuwarten. Schon stetiger kalter Wind kann Erfrierungen an den Extremitäten verursachen.

Blitzschlag

Der heimtückischste Feind des Trekkers ist der Blitz. Blitze sind mächtige, lokale elektrische Entladungen, die von den mit enormer Reibungsenergie positiv aufgeladenen Wolkengebirgen auf die Erde niederfahren. Diese Wolken- oder Gewittertürme bilden sich bei genügender Luftfeuchtigkeit und Hitze. Die Energie von Blitzen erreicht absolut phänomenale Werte. Es werden bei Gewittern durch Blitze Spannungsunterschiede von einigen 100 Millionen Volt überbrückt und Stromstärken von 100 000 Ampere erzeugt. Blitze werden von Donner begleitet, der nichts anderes ist als das Getöse der Stoßwelle, die der Blitzschlag auslöst. Der Donner ist das einzig Verlässliche beim Blitz: Sein Grollen breitet sich immer mit 330 Metern in der Sekunde (Schallgeschwindigkeit) aus und erlaubt deshalb eine genaue Entfernungsbestimmung. Je schneller der Donner dem Blitz folgt, desto näher ist demzufolge die Gefahr. Der Blitz ist in seinem Ansatz nicht vorauszuahnen und nicht zu erkennen, ebenso ist es unmöglich, sein Zielgebiet auf der Erde vorauszusehen. Ein Blitzschlag erfolgt mit großer Geschwindigkeit und bleibt immer sehr unberechenbar. Zwar gibt es gewisse Verhaltensregeln, wie man sich vor Blitz schützen kann, ob der Blitz selbst allerdings diese Regeln auch

Gewitter im Anzug? Einsamer Trekker auf Beobachtungsposten vor der Blüemlisalphütte, Berner Oberland.

kennt, ist nicht unbedingt garantiert ... Sicher ist eines: Der Blitz schlägt mit Vorliebe in Grate, Kuppen, hohe und vor allem saftige und gesunde Bäume, exponierte Häuser und alle aus dem übrigen Gelände hervorstehenden Bauten, Geräte, Pflanzen und Lebewesen. Deshalb ist bei unmittelbarer Blitzgefahr eine Kauerstellung angebracht, wobei die Füße ganz nah beieinander gehalten werden müssen. Sind die Füße zu weit auseinander, kann bei einem nahe niedergehenden Blitzeinschlag die Spannungsdifferenz durch den Erdwiderstand, der zwischen den beiden Füßen entsteht, bereits tödlich sein. Den Blitz aus »heiterem Himmel« gibt es eigentlich nicht. Eine Gefahr durch Blitzschlag kündigt sich an, in der Regel bleibt genügend Zeit, um sich an einen sicheren oder gut geschützten Ort zu bringen. Zu meiden sind auf jeden Fall einzelne, isolierte Bäume und Wasserläufe, welche den Stromstoß weiterleiten können. Gewitter lassen sich auf Grund der Wolkenbildung und der Wettervorhersagen meist im Voraus erahnen. Das Wetterleuchten ist übrigens nichts anderes, als ein weit entferntes, deshalb nicht mehr hörbares lokales Gewitter. Das Wetterleuchten ist weder gefährlich, noch kündigt es unmittelbar schlechtes Wetter an.

Hagel

Bei Gewittern und großen, ausgeprägten Wolkentürmen, so genannten Cumulonimbus, besteht die Gefahr von Hagelschlag. Durch die große Höhe solcher Wolken werden die Wassertropfen in starken Luftkanälen auf und ab bewegt und vereisen in den großen Höhen. Auf ihrem Weg durch den Wolkenturm frieren stetig weitere Wasserteilchen an. So bilden sich Graupelkörner (bis maximal 5 mm Durchmesser) oder Hagelkörner. Letztere können sehr groß werden und im Extremfall die Größe eines Tennisballs erreichen. Solche Geschosse, aber auch schon wesentlich kleinere Hagelkörner sind natürlich äußerst gefährlich, schießen sie doch schließlich mit großer Geschwindigkeit nach unten und entfalten ein beträchtliches Zerstörungspotenzial. Bei Hagelschlag gilt es, ruhig zu bleiben und Schutz zu suchen. Dazu eignen sich Häuser, Felsvorsprünge, große Bäume. Da der Hagel oft eine Begleiterscheinung eines Gewitters ist, kann auch die kombinierte Gefahr des Hagels und des Blitzes gleichzeitig auftreten, was bei der Wahl des Unterstandes berücksichtigt werden muss. Ein Baum eignet sich deshalb nicht mehr. Der Hagelschlag begrenzt sich meist auf ein kleines Gebiet und dauert in der Regel nur wenige Minuten.

Nebel

Im Gebirge besteht die ständige Gefahr der Einschränkung der Sicht durch Wolken und Nebel. Der Nebel kommt selten allein, sondern meist im Verbund mit Kälte, Nässe und Wind. Im Extremfall lassen sich bei starkem Nebel in der Landschaft gar keine Konturen mehr ausmachen. Boden und Nebel verbinden sich zu einer unergründlichen, weißen Masse. Dies kann zum so genannten White-out-Effekt führen. Der Mensch kann dabei das Gleichgewicht verlieren und stürzen, nur deshalb, weil jegliche Konturen fehlen und ein Festhalten des Auges an irgendwelchen Fixpunkten unmöglich wird. Bei schlechter Sicht wird auch das Gefühl für die Distanz und die Zeit beeinträchtigt. Bei Nebel ist es primär wichtig, den Weg

Unsicheres Wetter: Es kündigt sich an. Auf dem Rapta La, Ladakh.

nicht zu verlassen. Dabei leisten Kompass und Karte als zusätzliche Hilfsmittel ausgezeichnete Dienste. Befinden Sie sich bereits abseits der beabsichtigten Route, warten Sie erst einmal ab, bis die Sicht besser wird. In dichtem Nebel dürfte es reine Glückssache sein, einen verlorenen Weg wieder zu finden. Zudem besteht die Gefahr, dass Sie auf der Suche unvermittelt in völlig unwegsames, steiles Gebiet gelangen und sich unnötig einer Absturzgefahr aussetzen. Nach dem Aufklaren bestimmen Sie zunächst mittels Höhenmesser, Kompass, GPS und Karte (wo vorhanden) Ihren genauen Standort, bevor Sie weitergehen. Nur wer weiß, wo er ist, weiß auch, woher er kommt und wohin er geht.

Nässe und Kälte

Weitere Feinde des Trekkers und Wanderers sind Nässe und Kälte. Diese treten manchmal auch gemeinsam auf. Gegen beide natürliche Phänomene kann man sich primär mit entsprechender Kleidung schützen. Deshalb ist es außerordentlich wichtig, dass im Rucksack immer die entsprechende Schutzkleidung (Regenschutz, Schirm, warme Jacke, Wollmütze, Handschuhe, evtl. Regen- oder Überhose) Platz findet, um gegen jegliche Überraschung solcher Art gewappnet zu sein. Verzichten Sie niemals auf die genannte Schutzkleidung! Ohne sie laufen Sie auch bei stahlblauem Himmel Gefahr, unvermittelt von einem Unwetter überrascht zu werden. Ein Regenschutz und ein Schirm im Rucksack wirken oft wie eine »Versicherung« gegen das schlechte Wetter. Lieber trägt man wochenlang unnötig diese Utensilien mit sich herum, als nur ein einziges Mal von schlechtem Wetter überrascht zu werden! Je nach Situation und Heftigkeit des Unwetters empfiehlt sich sogar eine temporäre Unterbrechung der Wanderung und die Suche nach einem geeigneten Ort, wo man unter angenehmen Bedingungen die weitere Wetterentwicklung abwarten kann. Bei Aufziehen von schlechtem Wetter muss man sich deshalb immer über eventuelle Schutz- und Rückzugsszenarien im Klaren sein.

Beachten Sie, dass sich die Wirkung der Kälte durch den Wind vergrößern kann. Die zusätzliche Auskühlung durch den Wind ist sehr gefährlich und kann zu Erfrierungen oder Unterkühlung führen. Die Empfindung der Kälte hängt zudem weitgehend von der Luftfeuchtigkeit ab. Bei großer Luftfeuchtigkeit frieren wir bereits bei Temperaturen von +10° C und empfinden die Kälte am ganzen Körper. Bei trockener Luft kann eine Temperatur von –10° C noch als durchaus »angenehm« empfunden werden, da die Kälte lediglich an den Extremitäten (Füße, Hände, Nase, Ohren) gefühlt wird. Und diese Körperpartien kann man mit geeigneter Kleidung sehr gut schützen. Zudem ist die Wahrnehmung der Kälte durchaus eine sehr individuelle Angelegenheit. Die besten Mittel gegen die Kälte sind zweckmäßige Kleidung, körperliche Tätigkeit und Bewegung und warme Getränke (Suppen, Tee etc.). Alkohol gegen die Kälte ist eine denkbar schlechte Lösung. Der Alkohol bewirkt, dass sich die Blutgefäße verengen. Das mag zwar momentan zu einem Wärmegefühl führen, erhöht aber die Gefahr von Erfrierungen an den Extremitäten drastisch.

Es gibt kein schlechtes Wetter, nur schlechte Kleidung.

Höhenkrankheit

Die Höhenkrankheit (auch AMS = Acute Mountain Sickness genannt) bildet bei den meisten Trekking-Routen in Höhen über 2500 Metern eine nicht zu unterschätzende Gefahr. Bei vielen Bergsteigern und Wanderern bestehen nur rudimentäre Kenntnisse über die Höhenkrankheit, was zu Unsicherheit und teilweise großen Verwirrungen führen kann. Wir empfehlen deshalb dringend, die folgenden Ausführungen zu beherzigen. Mit der Höhenkrankheit lässt sich nicht spaßen, leider verlieren jedes Jahr mehrere Trekking-Touristen ihr Leben durch sie, andere müssen ihre Tour unterbrechen oder abbrechen. Da es bis heute keine verlässlichen Medikamente gegen die Höhenkrankheit gibt, bildet die Prävention (Vorbeugung) den mit Abstand wichtigsten Schlüssel dazu, sie zu vermeiden. Um die Höhenkrankheit zu umgehen, darf nicht zu schnell aufgestiegen werden. Bei Auftreten von Beschwerden muss sofort reagiert werden. Generell sind alle auftretenden Beschwerden bei Erreichen einer Meereshöhe von 2500 Metern und darüber der Höhenkrankheit zuzuschreiben, außer man beweise das Gegenteil!

Akklimatisation

Mit zunehmender Höhe nimmt der Luftdruck ab. Die Luft ist weniger dicht als z.B. auf Meereshöhe. Die Sauerstoffmoleküle sind aus diesem Grunde weiter auseinander als in tieferen Lagen. Deshalb muss mehr Luft in die Lungen gepumpt werden, um die gleiche Sauerstoffmenge wie unter normalen Lebensbedingungen einzuatmen. Der Körper muss eine große Anzahl zusätzlicher Sauerstoffträger produzieren, die roten Blutkörperchen, die für den Nachschub des Sauerstoffs in die verschiedenen Körperteile sorgen. Dies nimmt eine gewisse Zeit in Anspruch, die man dem Organismus unbedingt gönnen muss. Diese Phase wird **Akklimatisation** genannt. Sie kann individuell sehr verschieden sein. Es gibt besonders höhentaugliche Menschen, die sich sehr schnell und optimal anpassen, andere brauchen mehr Zeit oder stellen sich gar nicht um. Sehr oft müssen deshalb Gruppen bei Treks über 3500 Meter aufgeteilt werden, wobei jene Mitglieder mit Beschwerden tiefer bleiben müssen. Höhenanpassung hat nicht viel mit Fitness, Jugend oder Stärke zu tun. Ältere Menschen können sich dank der natürlichen Langsamkeit manchmal sogar besser umstellen als Jüngere, die zu schnell gehen. Personen, die schon mehrmals Höhentauglichkeit bewiesen haben, sind vor eventuellen Schwierigkeiten bei erneuter Anpassung nicht geschützt. Des Weiteren können Erkältungen oder andere Unpässlichkeiten den Fortgang der Akklimatisation beeinflussen und hemmen. Jede Akklimatisationsphase muss zuerst durchgemacht werden. Dies braucht Zeit.

Zeichen der Zeit

Zeitmangel ist zu einem Gesellschaftssyndrom geworden. Die Hast wird in der Regel auch im Urlaub weitergepflegt. Viele Touristen planen deshalb ihre Reise viel zu knapp. Bei einer Trekking-Reise in größere Höhen (3500 Meter und darüber) ist ein radikales Umdenken nötig. Eile führt geradewegs ins Desaster. Ein Trekking soll ja immer Urlaub sein, nie eine Überlebensübung! Die meisten AMS-Fälle entstehen nur, weil die Trekker viel zu schnell in große Höhen »rennen«, dies unter dem Vorwand, »keine Zeit« zu haben. Denken Sie daran, wenn Sie Ihre Wanderung in höhere Regionen planen. Sie müssen die Tatsache akzeptieren, dass Sie nicht sehr hoch gehen können, wenn Sie nicht genügend Zeit dazu haben. Auf etwa 3500 Meter und auf etwa 4300 Meter müssen **Akklimatisationsruhetage** eingelegt werden. Übernachten Sie auf diesen Höhen zweimal. Während des Tages können Sie sich ausruhen oder aber so hoch gehen, wie Sie wünschen, aber zum Schlafen müssen Sie zurückkehren. Bei Treks über 3500 Meter sollten an einem Tag nicht mehr als maximal 450 Höhenmeter (Höhendifferenz zwischen den Übernachtungsorten) überwunden werden, selbst wenn Sie das Gefühl haben, das Doppelte zu schaffen. Wer noch sicherer gehen möchte oder Angst vor AMS hat, sollte diese Anstiegsfrequenz bereits bei einer Höhe von 2500 Metern beginnen. Je nach Beschaffenheit des Geländes ist eine strikte Einhaltung dieser Regel manchmal nicht möglich. Wählen Sie in solchen Fällen eher die Sicherheit, als obige Anstiegsfrequenz zu überschreiten. Je langsamer der Aufstieg, desto weniger Probleme mit der Höhenkrankheit werden Sie feststellen. Sich in großen Höhen wohl zu fühlen, ist ein ganz besonderes Geschenk; zudem ein Geschenk, das Sie sich bei vernünftigem Vorrücken selbst machen können. Beobachten Sie sich und Ihre Begleiter. Bei auftretenden Symptomen der Höhenkrankheit dürfen Sie nicht höher steigen, bis Sie sich vollständig erholt haben. Bei ernsten Beschwerden, die auf akute Höhenkrankheit hinweisen, muss sofort in tiefere Lagen abgestiegen werden. Die Devise lautet ganz einfach: **»Nicht zu schnell zu hoch!«**

ACHTUNG

Die Höhenkrankheit ist meist das Resultat unvernünftiger Planung.

Wasserhaushalt

Ferner bekommt der Wasserhaushalt des Menschen in größeren Höhen eine andere Bedeutung. Durch die Anstrengung und das häufigere Atmen trockener Luft wird dem Körper eine große Menge Flüssigkeit entzogen, die regelmäßig und vor allem gleichmäßig wieder zugeführt werden muss. Atmen Sie über 3000 Meter wenn möglich nur durch die Nase. So wird das übermäßige Austrocknen der Halsschleimhäute vermieden. Zudem gehen Sie automatisch langsamer, was Sie ja ohnehin tun sollten. Herz- und Lungenkranke sollten auf Treks in höhere Gefilde verzichten. Im Zweifelsfalle ist der Arzt zu konsultieren. Beim Anflug auf hoch gelegene Flughäfen ist besondere Vorsicht geboten. Hier sind mindestens zwei Ruhe- oder Akklimatisationstage zu Beginn der Tour angezeigt. Bei vorsichtiger Planung und Einhaltung dieser Ratschläge werden Sie wahrscheinlich von der Höhenkrankheit verschont und bestimmt nicht in Lebensgefahr geraten. Respektieren Sie unbedingt die Akklimatisationsintervalle und den langsamen Aufstieg. Es werden bei der Höhenkrankheit drei Arten unterschieden: die **frühe Bergkrankheit**, das **Lungenödem** (Wasseransammlung in den Lungen), das **Gehirnödem** (Hirnschwellung).

Frühe Bergkrankheit

Die frühe Bergkrankheit ist als Warnung zu verstehen und kann unmittelbar zu einem Lungen- oder Gehirnödem führen. AMS entwickelt sich meistens langsam, normalerweise über zwei bis drei Tage, nachdem man eine Höhe von 2500 Meter und darüber erreicht hat. Die Peripherialödeme weisen auf Wasseransammlung im Gewebe (besonders im Gesicht, an den Schläfen, an den Händen und Füßen) hin. Sie sind weiter nicht gefährlich, stellen aber ein untrügliches Warnzeichen dar. Bei Auftreten nebenstehender Merkmale (es treten nicht immer alle miteinander auf!) dürfen Sie nicht höher steigen, bis Sie sich von diesen vollständig erholt haben. Durch die langen Schlafphasen können sich bei Trekkings in großen Höhen auch starke Augensäcke bilden. Wenn diese nach dem Aufstehen nicht innerhalb einer angemessenen Frist verschwinden, weisen sie auf die Gefahr einer frühen Bergkrankheit hin. Die frühe Bergkrankheit kann auch von einem Höhenkoller (Gereiztheit, Lustlosigkeit, Übersteigerung der Charakterzüge) begleitet werden.

Die frühe Bergkrankheit hat folgende Merkmale:
- Kopfschmerzen
- Übelkeit
- Appetitlosigkeit
- Schlaflosigkeit
- Körperschwellungen (Peripherialödeme)

Lungenödem

Wesentlich heikler und gefährlicher sind Lungenödeme. Sie äußern sich in

- Schwäche
- Müdigkeit
- Gleichgültigkeit
- verstärkte Atemtätigkeit
- hoher Puls
- leichtes Fieber
- anfangs trockener Husten
- später Husten mit wässrigem oder blutigem Auswurf
- geräuschvolles und stoßweises Atmen
- »Rasseln« in der Lunge
- Druckgefühl auf der Brust
- Fingernägel und Lippen sind dunkler als bei Gesunden

Ein Patient mit diesen Merkmalen (Vorsicht! Es treten meistens nicht alle miteinander auf!) muss sofort mindestens 1000 Höhenmeter absteigen, wenn möglich auf 3500 Meter oder entsprechend darunter, wo er unter Umständen innerhalb von 24 bis 48 Stunden genesen kann. Danach kann bei Bedarf wieder sehr langsam angestiegen werden.

Gehirnödem

Die letzte Art der AMS, das Gehirnödem, ist unmittelbar lebensgefährlich und tritt oft kombiniert mit einem Lungenödem auf. Man erkennt es an

- extremer Müdigkeit
- Brechreiz
- starken Kopfschmerzen
- Gleichgewichtsstörungen
- Apathie (Gleichgültigkeit, Teilnahmslosigkeit)
- ungleichmäßige Schritte
- undeutliche Artikulation beim Sprechen
- abnormales Benehmen
- Halluzinationen visueller und akustischer Art
- Schwindelgefühl
- Bewusstlosigkeit

Nicht alle Symptome sind nötig für eine Diagnose des Gehirnödems. Der Patient muss unverzüglich in tiefe Lagen von 3500 Metern oder darunter evakuiert werden. Er muss unten bleiben und der Trek muss für ihn abgebrochen werden.

Erkennen, entscheiden, handeln!

Sollte in Ihrem Umfeld ein Fall von AMS auftreten, so ist es äußerst wichtig, dass ohne Verzug unter Berücksichtigung der allgemeinen Lage eine Entscheidung gefällt und kompromisslos und sofort danach gehandelt wird. Holen Sie sich wenn immer möglich den Rat eines Arztes. Die einheimischen Helfer und viele Touristen haben meist nur sehr vage Kenntnisse über AMS. Entscheiden und handeln Sie nach diesen Richtlinien und lassen Sie sich nicht unnötig verunsichern. Medikamente (z.B. Acetazolamide) spielen in der Höhenmedizin eine untergeordnete Rolle. Viele Folgeerscheinungen des Sauerstoffmangels sind der Medizin auch heute noch ein Rätsel, obwohl die Höhenkrankheit Gegenstand intensiver Forschungsarbeiten ist. Deshalb ist die »präventive« Einnahme von Medikamenten (z.B. Diamox) riskant und sollte unterlassen werden, auch wenn Ihnen diese von anderen (vor allem amerikanischen) Touristen als »Wundermittel« angepriesen werden. Diese Medikamente mögen gewisse Symptome überdecken, haben aber auf die Ursache – die mangelnde Akklimatisation durch zu schnelles Vorrücken in große Höhen – absolut keinen Einfluss. Auch das Mitführen eines Kompressionssacks (zur momentanen Simulation höheren Drucks) ist kein Freipass für einen ungestümen Aufstieg in große Höhen. Ein Drucksack kann in kritischen Situationen unter Umständen einen kleinen Zeitgewinn bedeuten, ein Mittel gegen AMS ist er jedoch auf keinen Fall. Sauerstoff kann bei der Diagnose der AMS eine gewisse Linderung bedeuten.

Die Höhe genießen: Trekker und Sherpa auf der Mayam Danda, Nepal

Er führt dazu, dass der Patient z.B. den Hustenreiz bei einem Lungenödem weitgehend verliert, damit kann er besser schlafen und sich dabei erholen. Die einzig wirksame »Medizin« bei der Höhenkrankheit ist und bleibt vor allem primär die Prävention, sekundär und nach Eintritt einer allfälligen Komplikation das **Erkennen der Situation** und der **unverzügliche Abstieg**. Der Notfallabstieg darf unter keinen Umständen verschoben oder verzögert werden, also wenn nötig auch nachts absteigen. Es ist sinnlos, in einer solchen Situation auf einen Hubschrauber zu warten. Wenige hundert Höhenmeter können in solchen Fällen über Leben und Tod entscheiden. Der Patient muss unbedingt von gesunden Kameraden begleitet werden. Kann er nicht zu Fuß absteigen, muss ein Träger oder ein Tragtier beschafft werden. Achten Sie darauf, dass sein Kopf immer hoch gelagert wird. Verabreichen Sie ihm niemals Beruhigungs- oder Schlafmittel, diese können den Zustand unter Umständen verschlimmern. Ein AMS-Patient ist meist nicht in der Lage, selbst korrekte Entscheidungen zu fällen. Oft muss er **gegen seinen Willen** zum Abstieg gezwungen werden. Durch die höhenbedingte Bluteindickung, verbunden mit mangelnder Bewegung durch Bettlägerigkeit muss zudem mit thrombo-embolischen Komplikationen gerechnet werden, d.h. Blutpfropfbildung und Verstopfung von Blutgefäßen. Bandagieren und Massieren der Beine können dagegen wirksam sein. Ist ein Arzt zur Stelle, können gegen AMS zudem Medikamente und Sauerstoff verabreicht werden. Diese lindern unter Umständen die Beschwerden des Kranken. Trotzdem muss er aber sofort in tiefere Lagen gebracht werden, auch wenn er sich nach

WICHTIG

- frühe Bergkrankheit: nicht höher steigen
- Lungenödem: sofort absteigen, erholen
- Gehirnödem: Notfallabstieg, Trek abbrechen

der Behandlung besser fühlen sollte. Sollten widrige meteorologische Verhältnisse oder akute Gefahren (z.B. Lawinengefahr) einen sofortigen Abstieg völlig unmöglich machen, kann dies eine sehr kritische Situation bedeuten. Durch die ärztliche Verabreichung von Medikamenten und Lagerung des Patienten im Drucksack kann unter Umständen Zeit gewonnen werden, mehr jedoch nicht.

Goldene Regel

Bei der Höhenkrankheit muss man wissen, dass sie durch **kluge Prävention** (langsames Gehen, sachtes Ansteigen in höhere Lagen, lange Pausen, Ruhetage, regelmäßige Zufuhr von Flüssigkeit) weitgehend vermieden werden kann. Das ist die mit Abstand beste Wahl.

Also nochmals: Nicht zu schnell zu hoch! Im Notfall so schnell wie möglich tiefere Lagen aufsuchen!

Gesundheit

Zunächst geht mit dem Eintauchen in die Wanderwelt eine nachhaltige Umstellung des Tagesrhythmus einher. Geschieht dies noch im Verbund mit einer Reise nach Übersee, einem Wechsel der Zeitzone, drastischen klimatischen Wechseln, einem Start in größerer Höhe und einer Umstellung der Ernährung, so kann dies zu Beschwerden oder Unpässlichkeiten führen. Selbst gut trainierte Menschen oder solche, die regelmäßig solche Reisen unternehmen, sind von solchen Anpassungsschwierigkeiten nicht ausgenommen. Je nach physischer oder psychischer Disposition kann ein Fernwanderer bei sich plötzlich Beschwerden feststellen, obwohl er vielleicht früher von solchen völlig verschont blieb. Deshalb gilt es, sich einerseits auf die Reise genügend vorzubereiten, diese nicht unter Stress anzutreten (ein bis zwei Urlaubstage zu Hause vor der Reise wirken da Wunder!) und die Trekking-Tour selbst auf jeden Fall möglichst sanft und völlig ohne Ambitionen zu beginnen. Besonders bei langen (zwei- bis vierwöchigen) Trekkings sollten die ersten drei Tage sehr gemütlich gestaltet werden. Eine Ausdauerleistung kann nur vollbracht werden, wenn man den Beginn gemächlich angeht und immer als Aufwärmphase betrachtet. Einem Marathonläufer käme es ja auch nicht in den Sinn, die ersten 100 Meter in 10,0 Sekunden zu laufen. Zudem ist es äußerst wichtig, manchmal geradezu entscheidend, sich immer eine gewisse Reserve an physischer und psychischer Kraft aufzusparen, damit man zulegen kann, wenn es die Situation (Schlechtwettereinbruch, Notfall usw.) erfordert.

Vorsorge

Sorgen Sie vor: Nehmen Sie eine zweckmäßige, robuste Reiseapotheke mit und tragen Sie ein Erste-Hilfe-Set im Rucksack. Für die meisten Länder in Übersee sollten Medikamente vorhanden sein, die gegen folgende Eventualitäten wirksam sind: Verstopfung, Durchfall, Fäulnisbildung, Wasserentkeimung, Insektenpulver und -spray, Juckreiz, Sonnenbrand,

Verbrennungen, schwere Entzündungen, Schwäche, Husten, Schnupfen, Fieber, Augenentzündung, Kopfweh, Zahnweh, Schlafstörung, Gelenkschmerzen, Muskelschmerzen, Reisekrankheit, Vitaminmangel, Hautpilz. Besuchen Sie vor Abreise einen Kurs in erster Hilfe, wenn Sie sich den kommenden Anforderungen nicht gewachsen fühlen.

Vorsicht

Auch bei der Gesundheit bleibt die Vorsicht die Mutter der Porzellankiste. Wagen Sie keine Experimente. Essen und trinken Sie, was Ihnen schmeckt und vor allem auch Dinge, die nicht risikobehaftet sind. In subtropischen und tropischen Gefilden bleiben Fleisch, Geflügel, Fisch und Eiswürfel eine latente Gefahrenquelle. Essen Sie, was im besuchten Gebiet von den Einheimischen gerne gegessen wird. Lokale Speisen sind sehr oft auf die klimatischen Bedingungen optimal abgestimmt. Zudem werden lokal produzierte Frischprodukte verwendet und die Zubereitung dieser Speisen ist dort eine Routine. Meiden Sie die Sonne und schützen Sie sich konsequent vor Hitze, Kälte und Nässe.

Eine gute Reiseapotheke ist wichtig: Inhalieren in Pangka, Nepal.

Auf Reise

Durch das lange Sitzen im Flugzeug oder in einem engen Bus kann die Durchblutung der Beine beeinträchtigt werden. Bewegen Sie die Beine von Zeit zu Zeit. Dies ist auch im Sitzen möglich, oder gehen Sie im Flugzeug auf und ab. Trinken Sie viel, aber meiden Sie Alkohol! Der Landeanflug kann zum Anschwellen der Schleimhäute führen. Im Falle von Erkältungen ist die rechtzeitige Anwendung von Nasentropfen zu empfehlen. Manchen Leuten wird auf See oder in einem Bus übel. Vor längeren Schiffs- oder Busreisen ist deshalb die Einnahme eines Mittels gegen Reisekrankheit empfehlenswert. Die Zeitverschiebung bei Interkontinentalflügen führt oft zu Müdigkeit und Abgeschlagenheit. Einige Stunden Schlaf am Zielort lindern die Symptome.

Stehende Gewässer sollten grundsätzlich gemieden werden. Diese können unter anderem mit der Bilharziose, einer lästigen Wurmkrankheit, verseucht sein.

Sollten Sie nach Rückkehr erkranken (z.B. Fieber, Durchfall), informieren Sie Ihren Arzt über Ihre Reise in die Subtropen oder Tropen, damit er sofort die notwendigen Untersuchungen einleiten kann.

Impfungen

Gestatten Sie zunächst eine etwas ketzerische Vorbemerkung: Impfungen sind ein Geschäft. Die meisten spezialisierten Institute und Ärzte sind natürlich nicht dazu da, Ihnen von Impfungen abzuraten. Dazu gesellt sich eine generell vorsichtige Handhabung der Impfregeln durch die Ärzteschaft, die natürlich keinerlei Risiken eingehen will und kann. Die gängigen Impfungen bieten oftmals keinen hundertprozentigen Schutz gegen die entsprechende Krankheit. Viele Viren werden schneller gegen ein Präparat resistent, als dieses wieder neu entwickelt werden kann. Viele Touristen haben eine Abneigung gegen Impfungen, besonders angesichts einer längeren Nadel. Zudem sind die meisten Impfpräparate recht kostspielig. Man muss sich auch die Tatsache vor Augen führen, dass heute für die Reise in die meisten Länder der Welt keine Impfungen mehr obligatorisch vorgeschrieben sind. Es werden in der Regel nur noch »Empfehlungen« abgegeben.

> **WICHTIG**
>
> Rechtzeitig kompetente Informationen zu den Impfungen einholen und die Impfungen so früh wie möglich beginnen!

Damit ist die definitive Entscheidung allzu oft dem Reisenden selbst überlassen, jener Person also, die in der Regel am wenigsten weiß über die tatsächliche Lage und das Gefahrenpotenzial. Nun besteht ein Zielland meist nicht nur aus der Region, wo man mit einer bestimmten Krankheit konfrontiert werden könnte. Vielmehr werden solche kritischen Gebiete von Trekking-Touristen meist nur gestreift oder durchreist, da sich deren wahres Zielgebiet in den Bergen und damit meist abseits von gefährlichen Erregern befindet. Andererseits gibt es in den Subtropen und Tropen eine ganze Menge Krankheiten, die äußerst gefährlich werden können. In diesem schwierigen Umfeld ist es manchmal nicht einfach, die korrekte Entscheidung zwischen »impfen« und »nicht impfen« zu treffen. Lassen Sie sich früh genug vor einer Reise in ein fernes Land von Ihrem Hausarzt oder einem Impfinstitut beraten. Die obligatorischen Impfungen müssen rechtzeitig und in den vorgeschriebenen Intervallen verabreicht werden. Auch für die anderen, lediglich empfohlenen Impfungen müssen Sie sich Zeit lassen, um Ihren Körper nicht unnötigem Stress auszusetzen. Dies betrifft vor allem die Impfungen gegen Gelbfieber, Cholera, Poliomyelitis (Kinderlähmung), Tetanus (Wundstarrkrampf), Diphtherie, Tollwut, Meningitis (Hirnhautentzündung) und Typhus. Von Land zu Land sind spezielle Indikationen möglich. Dazu kommen die häufigsten Krankheiten, die man auf Reisen nach Übersee fürchten muss: Malaria, Hepatitis A und Hepatitis B.

Malaria

Die Malaria ist eine Infektionskrankheit und kommt in vielen subtropischen und tropischen Ländern vor. Sie wird durch die berühmt-berüchtigte Anopheles-Mücke übertragen, die besonders in Gegenden mit vielen stehenden Gewässern vorkommt und als Wirt für die Erreger dient. Frühestens eine Woche nach der Infektion sind die ersten Symptome erkennbar, die sich hauptsächlich durch Fieber, Kopf- und Gliederschmerzen äußern. Malaria entwickelt sich danach zu einer sehr langwierigen, äußerst problematischen Krankheit, die immer wieder, auch Jahre nach der Infektion auftreten kann und den betroffenen

Menschen dauernd schwächt. Am besten schützt man sich gegen Malaria mit folgenden Maßnahmen:

- Wählen Sie den Aufenthaltsort bewusst. Guten Schutz gegen die Mücken bilden dem Wind exponierte Orte oder der Rauch eines Feuers.
- Unbedeckte, exponierte Körperteile mit einem Anti-Mückenmittel einreiben.
- Vor allem abends dichte Socken, lange Hosen und lange Ärmel an Hemden und Blusen tragen. Zudem müssen zu dieser Tageszeit unbedingt Kopf, Hals und Hände mit Mückenschutz behandelt werden.
- Die Kleider unter Umständen mit Insektiziden behandeln. Wenn nötig können Insektizide auch in Zimmern angewendet werden. Auch Rauchspiralen oder andere einschlägige Mittel gegen Mücken lähmen deren Aktivitäten entscheidend.
- Schlafen Sie wo immer möglich unter einem Moskitonetz, besonders wenn der Schlafraum durch fehlende Fliegengitter oder fehlende Klimaanlage nicht genügend geschützt ist.

Dazu kommt die Malaria-Prophylaxe mit Medikamenten. Ihr Hausarzt kann Ihnen sagen, mit welchem Medikament Sie sich in welcher Region gegen Malaria schützen können. In Gebieten mit hohem Malariarisiko ist die regelmäßige Einnahme eines vorbeugenden Medikamentes unabdingbar. Diese Prophylaxe beginnt eine Woche vor Reiseantritt und wird vier Wochen über die Rückkehr nach Hause hinaus fortgesetzt. Bei Reisen in Gebiete mit geringem Malariarisiko genügt die Mitnahme eines Notfallmedikamentes. Dieses nehmen Sie ein, wenn bei Ihnen die genannten Symptome auftreten und Sie danach nicht innerhalb von sechs bis zwölf Stunden einen Arzt konsultieren können. Trotzdem sollte danach so schnell wie möglich ein Arzt oder ein Krankenhaus aufgesucht werden.

Hepatitis A

Gefahrenherd Trinkwasser: Das dubiose Nass tropft in ein traditionelles nepalesisches Messinggefäß.

Neben Durchfallerkrankungen und Malaria ist Hepatitis A (Reisegelbsucht) die am häufigsten auftretende Reiseinfektionskrankheit. Bei Hepatitis A handelt es sich um eine so genannte Schmierinfektion, welche fäkal-oral übertragen wird. Als Infektionsquellen kommen verunreinigte Lebensmittel und Getränke in Frage. Besonders rohes, ungeschältes Obst, rohes Gemüse und Salate, nicht abgekochtes Trinkwasser (Eiswürfel sind sehr gefährlich!) und Speiseeis bergen ein hohes Risiko in sich. Aber auch Meeresfrüchte wie Austern und Muscheln, die aus verunreinigten Gewässern stammen, können das Hepatitis-A-Virus übertragen.

Eine weitere Infektionsquelle sind unsaubere sanitäre Einrichtungen, die von vielen Personen benutzt werden. Hepatitis A ist eine unangenehme, lange anhaltende Krankheit. Man kann sich dagegen wie folgt schützen:

- Impfung
- Erhöhte Vorsicht ist angebracht bei Früchten und Frischgemüsen, Eis in Getränken und Speiseeis. Merken Sie sich folgende einfache Regel: Koche es, brühe es, schäle es – oder vergiss es.

Hepatitis B

Hepatitis B wird durch Körperflüssigkeiten (Blut, Sperma, Scheidensekrete, Speichel) übertragen. Diese schwere Krankheit ist vor allem in Entwicklungsländern weit verbreitet. Als Infektionsquellen kommen sexuelle Kontakte, Transfusionen, medizinische Instrumente, Tätowierungen und Akupunktur in Frage.

Ein wirksamer Schutz besteht lediglich in der Impfung gegen Hepatitis B. Sie ist angezeigt für Personen, die obigen Risiken ausgesetzt sein könnten und/oder sich länger in einem Entwicklungsland aufhalten. Melden Sie sich mindestens zwei Monate vor Abreise bei Ihrem Hausarzt, um den Impfprozess einzuleiten.

Diebstahl

Zwangsläufig wird man auf einer Trekking-Reise eine ganze Menge wichtiger und auch teurer Ausrüstungsgegenstände und natürlich auch Geld, Kreditkarten und Reisedokumente mit sich führen. Man kann also potenziell Interesse wecken bei Personen, die es aus kriminellen Gründen auf diese Dinge abgesehen haben. Es gilt sich Verhaltensregeln anzueignen, die die Pläne dieser Leute durchkreuzen. Besonders wichtig ist es, das Hab und Gut nicht öffentlich auszustellen und es nie unbeaufsichtigt zu lassen.

Sehr oft macht die pure Gelegenheit erst den Dieb. Eine Auslegeordnung ihrer Ausrüstung können Sie allenfalls im Hotelzimmer, im Zelt oder in einem menschenleeren Gebiet veranstalten, nicht aber unter den Augen von Ihnen unbekannten Menschen. Nachts ist das Camp unter Umständen zu beaufsichtigen. Alle Ausrüstungsgegenstände gehören verstaut und versorgt. Nichts darf draußen unbeaufsichtigt herumliegen, auch Wäsche nicht, die man zum Trocknen aufgehängt hat. Wäscheleinen zwischen den Zelten könnten zudem zu unliebsamen Zwischenfällen mit wilden oder domestizierten Tieren, aber auch mit Menschen führen. Wie schnell hat sich z.B. ein harmloses Rind mit seinen Hörnern in solchen Schnüren und Leinen verheddert. Das Resultat ist meist ein zerrissenes Zelt, nicht ein abgebrochenes Horn.

Bargeld und wichtige Reisedokumente (Pass, Flugschein) trägt man am besten in einem Brustbeutel am Körper. Größere Barschaften auf Gruppenreisen kann man auf die Teilnehmer aufteilen, um das Risiko zu vermindern. Achten Sie besonders auf Flughäfen, Busstationen und Bahnhöfen mit Argusaugen auf Ihr Gepäck. Dort ist die Gefahr eines Diebstahls höher als anderswo. Diebe nutzen die typischen Situationen aus, z.B. ein (künstliches) Gedränge oder wichtige und dringende Besorgungen, denen Sie nachgehen müssen.

Während Sie sich zwangsläufig anderen Dingen als der Beaufsichtigung Ihres Gepäcks widmen müssen, geschieht der Diebstahl dann meist. Sie sollten immer wissen, wie viele Gepäckstücke Sie mit sich führen, wo sich diese befinden und wer auf sie aufpasst. Besonders auf Flughäfen sollte man auch aus einem anderen Grund das Gepäck nie unbeaufsichtigt stehen lassen. Hier lauert weniger die Diebstahlgefahr, sondern die gegenteilige Möglichkeit. Es gibt nämlich Leute, die irgendetwas in Ihrem Gepäck verstauen möchten.

Politische Unruhen

Leider wimmelt es auf dieser Welt von Ländern, deren sozioökonomische Situation oder deren politische Strukturen zumindest bedenklich, labil oder gar zweifelhaft sind. In vielen Staaten gibt es deshalb lokal, regional oder sogar landesweit Ausgangssperren, Streiks, Unruhen, Rebellen, Revolutionen, Bürgerkriege und andere unberechenbare Einflüsse mehr. Natürlich kann man von solchen Ereignissen überrascht werden, in der Regel jedoch sind solche Unruheherde aus den Medien hinlänglich bekannt. Zudem besteht die Möglichkeit, sich bei den zuständigen Stellen (Botschaft, Auswärtiges Amt) oder beim Reisebüro oder -veranstalter zu erkundigen, wie sich die Situation präsentiert, ob eine Reise in das gefragte Land noch Sinn macht und verantwortet werden kann. Oft hat man jedoch aus der penetranten negativen Berieselung durch die Medien den Eindruck, die Erde sei ein einziges blutendes Jammertal. Von diesem Eindruck muss man sich auch zu lösen wissen. In den meisten Fällen präsentiert sich nämlich die Situation vor Ort einfacher, ungefährlicher und viel menschlicher, als dies aus übertriebenen Zeitungsartikeln und Fernsehbeiträgen scheinen mag. Zudem zwingt Sie ja niemand dazu, einen Demonstrationszug zu verfolgen oder die Frontlinie einer Auseinandersetzung zu besuchen. Unnötige Risiken müssen nicht eingegangen werden. Weit weg vom Geschütz gibt es alte Krieger. Im Auge des Hurrikans herrscht Windstille.

INTERESSANT

Politische Unruhen erscheinen meist in den Medien viel schlimmer, als sie an Ort und Stelle sind.

Gruppendynamik

Nach all diesen äußeren Gefahren wenden wir uns nun einem sehr heiklen Thema zu, den »inneren Gefahren«. Menschen sind Menschen. Unter dem Einfluss von Entbehrungen, körperlichem und geistigem Stress (verursacht durch Konditionsmangel, zu anstrengende Trekkingtage oder Selbstüberschätzung, schlechtes Wetter, Höhenkoller und Kulturschock) können sie plötzlich ihr Benehmen verändern – oder ihren wahren Charakter offenbaren. Davon ist man selbst nicht ausgenommen. Freunde, die man eigentlich gern mag und gut zu kennen glaubte, können schwierig oder verbissen, zu skurrilen Zeitgenossen, ja zu richtigen Ekeln werden. Personen, die zu Hause in den eigenen vier Wänden durchaus ein normales Verhalten zeigen (und nach der Rückkehr von der Trekking-Reise auch wieder zeigen werden), können zu gemeinen Nörglern, zu sarkastischen, ja zynischen, unberechenbaren Gesellschaftern mutieren, und dies teilweise sehr plötzlich. Hier hilft nur Zurückhaltung und das Gespräch unter vier Augen. In einer Gruppe muss man in der Öffentlichkeit loben und darf nur im Versteckten tadeln. Die »normal« gebliebenen Mitreisenden müssen, jeder und jede für sich, eine individuelle Abwägung machen. Meistens sind positives Denken und unterstützendes Handeln aufbauender als die Frontalkollision. Völlig zerrüttete Gruppen lassen sich nicht mehr vereinen, etwas zerbrochenes Geschirr jedoch lässt sich reparieren oder ersetzen. Oft spendet die Tatsache Trost, dass ja so eine Trekking-Reise nicht bis an den Sankt-Nimmerleins-Tag dauern wird. In einer größeren Gruppe bieten die restlichen Mitglieder, mit denen man auf gutem Fuß steht, auch einen gewissen Rückhalt und Abwechslung. In bestimmten krassen Fällen macht es keinen großen Sinn, sich allzu fest auf gruppeninterne

Querelen zu konzentrieren. Das Ziel der Trekking-Reise soll ja die Erholung und die (friedliche) Auseinandersetzung mit dem Fremden, Neuen, Schönen sein. Das heißt nicht, dass einem die Gruppe egal sein soll und man sie lediglich als Gefährt für seine eigenen Interessen gebraucht, aber schließlich ist der eigene Genuss auch wichtig. Es wäre falsch, an dieser Stelle allgemein gültige Regeln für solche Situationen zu nennen, denn jede Situation ist für sich wieder speziell und einmalig. Die Bewältigung solcher gruppendynamischer Stimmungen erfordert viel diplomatisches Geschick und Fingerspitzengefühl.

Eher positiv zu werten ist hingegen das so genannte Kompetenzsyndrom. Bei Gruppenmitgliedern, die sich vor der Reise und dem Trek in den fernen Bergen noch nicht kannten, oder zwischen Personen, die sich zwar kennen, aber noch nie gemeinsam in bestimmte Situationen gelangt sind, entwickelt sich relativ rasch ein Kompetenzsyndrom. Dabei wird auf die individuelle Neigung, Begabung und Kompetenz abgestellt. Es kann also sein, dass sich alle anderen Teilnehmer einer Gruppe unvermittelt an ein und dieselbe Person richten, um ein gewisses Wissensgebiet zu verhandeln oder spezifische Verrichtungen im Zusammenhang mit dem Tagesablauf mit ihr absprechen oder sie sogar bitten, diese zu erledigen. Jeder Mensch hat solche Zuständigkeitsbereiche, in denen er, meist mit entsprechender Freude und Enthusiasmus, der Gruppe dienlich sein kann und wird.

Diese Gefahr ist im Text nicht erwähnt: Die Erschließung vieler Berggebiete engt den Bewegungsraum der Trekker immer mehr ein. Straßenbau im Marsyangdi-Tal, Nepal.

9 Unterwegs

Reichen meine Kenntnisse aus, um einen Trek unbeschadet zu unternehmen? Wie kann ich die Erfahrungen und das theoretische Wissen in der Praxis umsetzen? Was erwartet mich, außer dem Wandern in den Bergen?

Der Beginn eines Treks ist immer ein sehr faszinierender Moment. Stellen Sie sich vor, plötzlich machen Sie den ersten einer Reihe von mehreren hunderttausend Schritten, bewältigen den ersten von vielen Tausend Höhenmetern. Auf einmal ist der Moment da, wo alles wirklich beginnt. Die lange Vorbereitungszeit und die theoretische Auseinandersetzung mit dem Phänomen Trekking findet ein Ende, unvermittelt beginnt es. Praktisch alle werden diesen Moment als eine Art Befreiung empfinden, in dem es gilt, sämtliche Zweifel zu vergessen, vorwärts zu schauen und sich zu freuen an der Tatsache, dass wir nun ein paar Tage oder Wochen den Nomaden in uns verwöhnen können.

Faszinierender Moment: Shanti Stupa, Leh, Ladakh

Erdnähe und Umstellung

Bei vielen Trekkings bildet die Nähe zur Erde eine Erfahrung, die zum Wohlbefinden beitragen kann. Auf vielen Trekking-Touren wandern wir den ganzen Tag auf Berg- und Fußwegen, sitzen beim Mittagessen und bei den Rasten am Boden und schlafen im Zelt in engem Kontakt mit dem (hoffentlich ebenen) Platz, auf dem das Zelt errichtet wurde. Somit wird der ganze Tag von der Erfahrung geprägt, der Erde sehr nahe zu sein. Dazu kommt die ständige Ausgesetztheit gegenüber den natürlichen Einflüssen und Gesetzen. Plötzlich können wir nicht mehr völlig frei entscheiden, was wir wann wo machen möchten, sondern die Natur gibt sehr viele Entscheidungen vor. Ein Phänomen, von dem wir uns durch die hoch technisierte Kunstwelt, die wir geschaffen haben und in der wir heute leben, etwas verabschiedet haben. Das Vorhandensein eines ausreichend großen, möglichst flachen Platzes zusammen mit einem Wasservorkommen in der Nähe, unter Umständen die Verfügbarkeit von

Große Erdnähe: Ein Bauer pflügt sein Gerstenfeld in Phyiang, Ladakh.

WICHTIG

Selbst die längste Reise beginnt mit dem ersten Schritt.

Weideland für die Tragtiere oder Unterkunftsmöglichkeit für die Träger, all diese Faktoren bestimmen zum Beispiel die Wahl eines Zeltplatzes oder eines Ortes für die Mittagsrast. Die Durchführung vieler Etappen hängt stark ab von den meteorologischen Verhältnissen oder der Beschaffenheit des Wegs. Regen, Gewitter, Schneefall, große Hitze, Wind etc. können plötzlich zu stark mitbestimmenden, ja entscheidenden Faktoren bei völlig alltäglichen Dingen werden. Diese Nähe zur Erde und das Bewusstsein, dass die Natur in einem gewissen Sinne mitredet und mitentscheidet, ist einerseits eine spezielle Erfahrung, andererseits bedingen sie eine Umstellung in der Verhaltensweise, welche sich dramatisch von der üblichen persönlichen Gepflogenheit unterscheiden kann. Dazu mag sich in speziellen Situationen auch das Gefühl eines gewisses Ausgeliefertseins den Elementen gegenüber gesellen. In einer gewissen Weise werden wir durch all diese Tatsachen in die Lage des Urmenschen zurückversetzt, der gar nichts anderes kannte als den Geruch und die Härte der Erde und die Gesetze der Natur. Dies hingegen kann durchaus als Befreiung bewertet werden.

Einteilung des Tages

Ein wichtiger Aspekt ist die bewusste Einteilung eines Wandertages, was eine einschneidende, wenn auch nur zeitlich begrenzte Veränderung im Leben bedeuten kann. Ein Trekkingtag ist bestimmt von einer langen Nachtruhe und einem intensiven, aber ruhigen Tagwerk. Am besten steht man sehr früh auf. Dabei ist einer gewissen Zeitdisziplin Beachtung zu schenken. Es spielt an und für sich keine Rolle, ob man an einem Tag nur drei oder acht Stunden unterwegs sein wird, dies sollte zu Beginn des Tages nicht in Betracht gezogen werden. Deshalb ist

Befreiung: Die Natur redet mit. Tränenkiefernwald in Junbesi, Nepal.

es besser, jeden Tag, ungeachtet der angestrebten Etappe oder der voraussichtlichen Gehzeit, gleich früh zu beginnen, mit Ausnahme von sehr langen Etappen, bei denen man besser noch früher als üblich startet. Meist wird der Termin zum Aufstehen vom Lauf der Sonne bestimmt. Auf einem Trek sollte man, wie die Menschen in früheren Zeiten und viele Tiere auch noch heute, das erste Tageslicht zum Aufstehen nutzen und mit dem letzten Schimmer am Firmament den Tag beschließen. Nach dem Packen und einem ausgiebigen Frühstück setzt man sich in Bewegung. Dabei ist darauf zu achten, zunächst einen sehr gemächlichen Gehrhythmus anzuschlagen. Bei Karawanen-Treks werden die Träger etwa gleichzeitig oder früher abmarschieren. Der Start von Tragtieren zieht sich hingegen meist etwas in die Länge. Dafür haben Tragtiere die Eigenschaft, eine Etappe praktisch ohne Pause zu bewältigen, was bei Trägern natürlich nicht der Fall sein kann. Am Schluss werden sich der einheimische Führer, der Koch und seine Mannschaft vom Zeltplatz entfernen. Dabei ist darauf zu achten, dass dieser sauber und ordentlich verlassen wird. Während Sie die Träger überholen, werden die einheimischen Helfer (z.B. Führer, Küchenmannschaft) oder die Tragtiere von hinten zu Ihnen aufschließen und zum Mittagsplatz vorangehen. Dort trifft man wieder zusammen. Vergessen Sie unterwegs nicht, Ihren Bedarf an Flüssigkeit regelmäßig zu sich zu nehmen und die nötigen Vorkehrungen für den Schutz gegen die Kälte oder das Sonnenlicht zu treffen. Ob Picknick oder gekochtes Mittagessen, bleiben Sie vernünftig. Zu viel Nahrung wird Sie eher belasten als beflügeln. Vergessen Sie nicht, gelegentlich Früchte oder Dörrobst zu essen. Am Nachmittag wiederholt sich das Spiel. Beim Karawanen-Trek kommen die Einheimischen von hinten und werden Sie überholen und zum Zeltplatz vorausgehen. Vermeiden Sie »Wettrennen« mit Ihren Trägern, Tragtieren oder Helfern. Diese Leute sind andere Gehrhythmen gewohnt und meist konditionell sehr stark. Nutzen Sie nach Ankunft im Zeltlager oder in der Hütte die Zeit, um sich auszuruhen, die feuchten Schuhe und Kleider zu trocknen. Überladen Sie den Tag nicht mit unnötigen hektischen Aktivitäten: Trekking ist nämlich Urlaub, und im Urlaub nimmt man es gemütlich. Erfahrungsgemäß bildet das Nachtessen das wichtigste Mahl. Da danach keine weitere körperliche Aktivität folgt, sollte man auch Vernunft walten lassen und nicht über den Appetit essen oder über den Durst trinken. Ein schönes Gespräch, eine gemütliche Runde oder etwas Literatur bilden danach meist einen schönen Abschluss des Tages. Die Müdigkeit, hervorgerufen durch die körperliche Aktivität, durch die Fülle der hoffentlich schönen Eindrücke, durch Kälte, Hitze, Wind und Sonne und schließlich durch ein gutes Nachtmahl wird nicht auf sich warten lassen.

Ruhiges Tagwerk: Gebetsfahnen in Kutumsang, Nepal

Verhaltensregeln

Trekking-Reisen zu Zielen in anderen Erdteilen finden in der Regel in einer kulturell fremden und klimatisch ungewohnten Umgebung statt. Beides zieht entsprechend spezifische Verhaltensweisen nach sich. Der Umgang mit dem eigenen Verhalten (und auch dem Verhalten der Gruppe, falls Sie in einer solchen reisen) ist eine Herausforderung, die die individuelle Sensibilität über die reine Rationalität stellt. Die folgenden Tipps sollen aufzeigen, mit welchen Problemen Sie konfrontiert werden und was Sie unter Umständen falsch machen könnten, stellen aber nicht den Anspruch auf Vollständigkeit. Sie sollen und können jederzeit durch eigene Erfahrungen und lokale Gegebenheiten sinnvoll ergänzt werden.

Respekt: Eine junge Frau zeigt ihr Wasserbüffelkalb in Humla, Nepal.

Menschen am Weg

Treten Sie vor allem der Bevölkerung des besuchten Landes immer mit dem nötigen Respekt entgegen. Achten Sie die Traditionen, die Religionen und die Kultur der Menschen. Dazu gehört zunächst ein zuvorkommendes, freundliches, offenes, nicht aber aggressives Auftreten. Zeigen Sie den besuchten Leuten, dass Sie Zeit haben! Die meisten Bergvölker dieser Erde haben und nehmen sich nämlich Zeit für soziale Kontakte und sind dem persönlichen Austausch nicht abgeneigt, im Gegenteil, sie suchen ihn sogar. Eine schöne Gegenleistung wird nicht auf sich warten lassen: die Gastfreundschaft, nicht die kommerzialisierte, sondern die genuine Gastfreundschaft, die von Herzen, natürlich und völlig spontan kommt. Lernen Sie ungeniert einige Brocken der lokalen Umgangssprache. Das macht viel Spaß und lockert die Atmosphäre – und öffnet vor allem den Kontakt zu den Menschen. Auch wenn sprachliche Barrieren bestehen, stellt der Kontakt mit der Lokalbevölkerung eine bleibende Bereicherung dar. Falls Sie sich vornehmen, das besuchte Land möglichst bald wieder aufzusuchen, weil es Ihnen dort gefallen hat, so ist die Beschäftigung mit der lokalen Sprache beinahe ein Muss. In einem Land, mit dem Sie bereits ein wenig vertraut sind und dessen Sprache Sie lernen oder bereits – wenn auch vielleicht nur rudimentär – sprechen, werden Sie sich nicht mehr als Gast fühlen, sondern in einem gewissen Sinn als »halber Einheimischer«. Eine entsprechende Behandlung der wirklichen Bewohner des Landes wird nicht auf sich warten lassen. Benutzen Sie zudem die einmalige Gelegenheit, Interesse und Aufgeschlossenheit zu zeigen, für fremde Bräuche und die Tätigkeit Ihrer Gastgeber. Fotografieren Sie nur mit großem Feingefühl und Achtung vor der Privatsphäre der Menschen.

Das besuchte Gebiet ist nicht dazu da, verändert zu werden, sondern um Sie zu verändern.
(Edmund Hillary)

Kleidung und Verhalten

Tragen Sie immer zweckmäßige und korrekte Kleidung. Entblößen Sie sich nie vor Einheimischen. In vielen Ländern sollten Frauen kurze Hosen und gewagte Kleider meiden. Passen Sie sich auch hier den lokalen Gegebenheiten und religiösen Regeln an. Zeigen Sie keine Zärtlichkeiten in der Öffentlichkeit. Mischen Sie sich nicht in Streitereien zwischen Einheimischen.

Lebensgewohnheiten und Religion

Respektieren Sie die Lebensgewohnheiten und die Religion des Gastlandes. Betrachten Sie Kirchen, Synagogen, Moscheen, Tempel, Pagoden, Klöster und Schreine nicht als museale Einrichtungen, die sie ablichten wollen, sondern als das, was sie Ihren Gastgebern bedeuten: sakrale Stätten der Sammlung, Zentren religiöser Kultur, Brennpunkte unverrückbaren Glaubens, Quellen tröstender Ausstrahlung. Die Aura und die Schwingungen, die von diesen Heiligtümern ausgehen, können Sie nur wahrnehmen, wenn Sie sich hinsetzen und sich Zeit nehmen. Widerstehen Sie dem »Ambitionismus«, möglichst viele Sehenswürdigkeiten zu »machen« und auf Ihrer Liste abzuhaken. Sie sehen eindeutig mehr, wenn Sie weniger und dieses dafür in Muße anschauen.

Religion: Lamaistischer Altar in Ladakh

Geduld, Toleranz, Vorsicht

Auf Ihren Fahrten durch fremde Gebirge werden Sie immer wieder in Privathäusern, Hütten, Lodges und Hotels Gastrecht genießen. Treten Sie nicht mit exorbitanten, unerfüllbaren Wünschen an die Gastgeber und Hüttenwirte heran. Bleiben Sie bescheiden und höflich. Üben Sie Geduld und Toleranz. Behalten Sie Ihre Habe stets unter Verschluss oder Aufsicht, und veranstalten Sie in der Öffentlichkeit keine Auslegeordnung. Gelegenheit macht Diebe.

Keine Geschenke, aber erste Hilfe

Verschenken Sie nichts – auch keine Süßigkeiten oder gar Zigaretten – an Personen am Weg, die Sie nicht kennen. Solch unsinniges Verhalten kann die Zukunft, besonders von Kindern, untergraben. Das unüberlegte Verschenken von Kleinigkeiten treibt die Betroffenen in eine notorische Erwartungshaltung, verführt diese eventuell zum Rauchen und in der Regel mit der Zeit zum Betteln. Gegen ein kleines Geschenk an Menschen jedoch, die Ihnen in einer speziellen Situation sehr geholfen haben, oder an eine Familie, in deren Haus Sie spontan übernachten oder essen durften, ist hingegen nichts einzuwenden. Diese Geste ist vergleichbar mit dem kleinen Mitbringsel, das wir in unseren Breitengraden bei Besuchen überreichen, und sie wird auch in diesem Sinne verstanden. Wundern Sie sich aber nicht, wenn in der südlichen Welt ein Geschenk (z.B. ein Kleidungsstück), das Sie einer bestimmten Person gegeben haben, plötzlich bei einer ganz anderen sichtbar wird. Oft werden solche »Kostbarkeiten« nämlich als Tauschobjekte oder sogar zur Tilgung von Schulden benutzt. Medikamente dürfen nicht an Kranke oder deren Angehörige abgegeben werden, wenn Sie nicht selbst Arzt sind und persönlich deren korrekte Einnahme und deren Wirkung abwarten können. Verweisen Sie die betroffenen Personen an das nächste Spital oder an den nächsten Sanitätsposten. Es ist jedoch menschliche Pflicht, bei Verletzungen, Verbrennungen und dergleichen erste Hilfe zu leisten, je nachdem mit der Aufforderung, das Spital oder den Sanitätsposten oder den nächsten Arzt aufzusuchen.

Menschliche Wärme: Meme Karma Thondup trifft in Changthang einen alten Bekannten, mit dem er aus Tibet geflüchtet war.

Nur Fußspuren: Weg über den Horlam Kongka, Rupshu

Wege und Landschaft

Im Umgang mit der Natur sollte man sich folgende Devise immer wieder vor Augen führen: Nehmen Sie nur Erinnerungen, hinterlassen Sie nur Fußspuren.

Verschmutzen Sie weder die Landschaft, die Wege noch die Gewässer, hinterlassen Sie nie Abfall und scheuen Sie sich nicht, den Abfall anderer zu entsorgen. Auch der kleinste Beitrag jedes Einzelnen hilft, punktuell die Situation zu verbessern. Natürlich sind Sie auch dafür verantwortlich, dass Ihr Personal ebenfalls nichts liegen lässt oder unachtsam wegwirft. Exkremente, Toilettenpapier und Binden müssen vergraben werden. Schonen Sie durch bewusste Handlung Flora und Fauna. Gehen Sie immer auf den Hauptwegen. Die Benutzung von Abkürzungen ist sehr oft ein Beitrag zur Bodenerosion. In der Wildnis befinden Sie sich zwangsläufig in einem sehr fragilen Raum. Unbewusstes Verhalten der Natur gegenüber kann sehr schnell schwer gutzumachende Schäden und Folgen verursachen. Unachtsamkeit und Ignoranz können in solchen Situationen verheerend wirken.

Mittagessen und Zeltlager

Notgedrungen sind dies die neuralgischen Punkte, wo Sie am ehesten bleibende Spuren hinterlassen werden, falls Sie nicht sehr Acht geben. Benutzen Sie deshalb immer die traditionellen Rastplätze, niemals Wildnis, die Sie zuerst für Ihre Zwecke herrichten müssen. Geeignet sind jedoch Wiesen, offenes Gelände, Fluss- und Seeufer. Immer sollten Kerosin- oder Gaskocher verwendet werden. Schlagen Sie niemals Holz und kaufen Sie niemals Holz bei der lokalen Bevölkerung. Benutzen Sie als Individualreisende konsequent Unterkünfte, in denen elektrisch, mit Kerosin oder Gas gekocht wird. Verzichten Sie auf Lagerfeuer. Die Zeiten sind längst vorbei, wo man Holz einfach so verbrennen konnte. Heute herrscht in den meisten Berggebieten der Welt akuter Holzmangel. Weitere Entblößungen der Oberfläche fördern in dramatischer Weise die globale Erosion. Verlassen Sie den Rastplatz in jedem Falle sauberer, als Sie ihn angetroffen haben. Fällt brennbarer Abfall an (Papier, Karton), so ist er einem speziellen Feuer zuzuführen. Benutzen Sie als Gruppe ein gemeinsames stilles Örtchen oder ein Toilettenzelt und schaufeln Sie dort ein angemessen großes Loch aus, das Sie vor der Abreise wieder zuschaufeln. Decken Sie es mit den vorher ausgestochenen Grasziegeln oder mit Laub. Dies gilt auch für die Regenrinnen rund um die Zelte. Machen Sie vor dem Abmarsch einen Rundgang über den Platz und fragen sich: »Möchte ich jetzt hier essen oder übernachten?« Falls Sie diese Fragen mit einem überzeugten »Ja« beantworten können, dürfen Sie gehen. Es macht Spaß zu wissen, dass nichts, aber auch gar nichts Ihre Anwesenheit verraten wird!

Körperhygiene

Auf einer Trekking-Tour wird zwangsläufig die sonst zu Hause übliche Körperhygiene andere Organisationsformen erfahren. Einerseits fehlen unterwegs meist die bei uns so vertrauten und selbstverständlichen Infrastrukturen wie warmes Wasser, Dusche und Bad. Grundlegend kann deshalb bemerkt werden, dass man sich auf einer Fernwanderung dann wäscht und pflegt, wenn sich die Gelegenheit dazu bietet. In den Bergen sind die Temperaturen am frühen Morgen oder am Abend meist viel zu kalt, um sich zu reinigen oder die Haare zu waschen. Deshalb muss man diese Arten von Körperhygiene auf jene Tageszeiten verschieben, in denen die Temperaturen geeigneter erscheinen. Unterwegs bieten sich an einem sonnig gelegenen Brunnen oder Bach meist sehr schöne Waschplätze, wo man verweilen darf. Auch die Mittagsrast ist so ein Zeitfenster, in dem man sich mit Körperhygiene befassen kann. Auf einer langen Wanderung werden Sie sich auch teilweise in eher kalten Regionen aufhalten, dann aber wieder in eher wärmeren Gefilden. Es ist müßig zu bemerken, dass natürlich in kalten, schattigen Gebirgslagen die Körperhygiene eher vernachlässigt wird. Dafür kann man später in der Hitze des Vorlandes oder tief gelegener Orte alles wieder nachholen. Verwenden Sie in der Natur draußen lediglich Seifen und Shampoos, die biologisch abbaubar sind. Schauen Sie sich an Ihrem Waschplatz nochmals um, bevor Sie weitergehen, allzu oft lässt man nämlich irgendetwas liegen (Brustbeutel, Brille, Handtuch, Seife, Armbanduhr und weiteres mehr). Die Einschränkungen, die Ihnen auf einer Fernwanderung bezüglich Körperhygiene aus verschiedenen Gründen auferlegt werden, haben auch den entscheidenden Vorteil, dass Sie die zu Hause so selbstverständlichen – ja eigentlich viel zu selbstverständlichen – Einrichtungen, die zu unserer Lebensqualität beitragen, wieder viel mehr zu schätzen wissen.

Waschen, wo sich die Gelegenheit dazu bietet: Zeltlager in Tisaling, Rupshu.

Verhalten bei Notfällen

Wie wir im sehr umfangreichen Kapitel 8 »Gefahren und Probleme« gesehen haben, muss sich der Fernwanderer dauernd präventiv mit gewissen Risiken auseinander setzen. Der Grundgedanke zur Vermeidung von Krankheiten und Unfällen liegt dabei in der Prävention, im geschickten Antizipieren und im bewussten Vorbeugen. Sollte jedoch trotz aller Vorsichtsmaßnahmen ein schwerer Unfall eintreten oder Sie Zeuge eines solchen bei Einheimischen oder anderen Trekkern werden, so sind einige wichtige Verhaltensregeln zu beachten.

Erste Maßnahmen

Bei Eintreten eines schweren Unfalls oder einer Krankheit gilt es zunächst, den Schaden in Grenzen zu halten, weitere Schäden und Folgeschäden zu verhindern. Zu diesem Zweck begibt man sich zusammen mit dem Patienten sofort aus dem Gefahrenbereich. Zudem ist eine eventuelle Sicherung vor Absturzgefahr in Erwägung zu ziehen. Der Verletzte oder Kranke muss alsdann gegen Kälte, Hitze und Strahlung geschützt werden. Bewahren Sie bei all diesen Verrichtungen Ruhe und handeln Sie überlegt.

Lebenswichtige Funktionen

Bewusstsein, Atmung, Blutverlust und Puls müssen überprüft werden. Dies geschieht, indem man den Patienten anspricht und seine Reaktion beurteilt. Bei Schock und Bewusstlosigkeit ist eine langsame Rückführung in das Bewusstsein und die Normalität anzustreben. Der Patient muss sich sicher fühlen und er muss wissen, dass man sich mit allen zur Verfügung stehenden Mitteln um ihn kümmert. Die Atmung überprüft man durch Fühlen und Hören. Falls keine Atemgeräusche vernehmbar sind, atmet der Patient nicht genügend. Im Zweifel muss beatmet werden! Untersuchen Sie bei einem Unfall, ob der Patient blutende Verletzungen aufweist, und stillen Sie diese sofort. Die Überprüfung des Pulses an der Halsschlagader oder in der Leiste ist eine weitere Kontrollfunktion.

Lebensrettende Sofortmaßnahmen

Bei schlimmen Verletzungen sind Sofortmaßnahmen einzuleiten. Diese bestehen im Freimachen und Freihalten der Atemwege. Eventuelle Fremdkörper sind aus dem Mund zu entfernen. Bei ungenügender Atmungsaufnahme muss der Kopf nach hinten geschoben und eine Mund-zu-Mund- oder eine Mund-zu-Nase-Beatmung von 10 bis 12 Beatmungsstößen pro Minute eingeleitet werden. Zur Reanimation der Zirkulation sind Herzmassagen im Verbund mit Beatmung einzuleiten. Diese Therapie bedingt jedoch eine entsprechende Ausbildung in einem Reanimationskurs. Ist der Patient bewusstlos, so muss er zunächst in eine stabile Seiten-

WICHTIG

Bei Notfällen:
immer die Ruhe bewahren.

lage gebracht werden. Jeder Bewusstlose kann Rückenverletzungen aufweisen, weshalb die Umlagerung mit äußerster Vorsicht zu geschehen hat. Blutende Verletzungen sind mit Kompressionsverband zu stillen. Wenn nötig drängt sich eine Schocklagerung auf, bei der der ganze Körper gleichmäßig mit etwa 15° Neigung gelagert wird. Die Füße bilden dabei den höchsten, der Kopf den tiefsten Punkt.

WICHTIG

Ein Erste-Hilfe-Set enthält: Pflaster, Heftpflaster, Blasenpolster, Desinfizierungsmittel, Pinzette, Schere, Verbandtuch, Gazebinde, elastische Binde mit Verschluss, Sicherheitsnadeln, Bleistift.

Hilfe holen

Bei einer Gesamtbeurteilung des Patienten, nach eventueller Reanimation der lebenswichtigen Funktionen, werden systematisch Kopf, Brust, Rücken, Bauch, Becken und Gliedmaßen auf Schmerz, Schwellungen, Wunden, Blutungen, abnorme Stellungen, Gefühl und Beweglichkeit geprüft. Bedingt die Schwere des Vorfalls das Herbeiholen von Hilfe und ist solche innerhalb angemessener Frist verfügbar, so ist diese unverzüglich mit Telefon, Funk oder Meldeläufer zu alarmieren. Als Mittel gelten dabei Ambulanz, Bergrettung, Flugrettung, Feuerwehr oder Polizei. Bei der Meldung des Vorfalls müssen immer folgende Angaben gemacht werden:

- Was ist wie und wann geschehen?
- Wo befindet sich der Patient (Ortsbezeichnung, Koordinaten)?
- Wer meldet den Vorfall von wo?
- Anzahl Patienten
- Angabe von Alter, Verletzung, Bewusstsein, Atmung
- Angaben für den Einsatz eines Helikopters (lokale Verhältnisse, Wetter, Wind, Landeplatz, allfällige Hindernisse)

Danach ist der Patient zu überwachen. Ansprechbarkeit, Puls, Atmung, Pupillen, Hautfarbe und Temperatur des Verunglückten oder Kranken können in der Regel ohne weitere Hilfsmittel überwacht werden. Erstellen Sie bei Veränderungen ein Protokoll, d.h. schreiben Sie die Zeit und einen eintretenden Befund oder ein Ereignis genau auf.

Erste Hilfe

Beim Eintritt einer leichteren Verletzung gilt es, sofort erste Hilfe zu leisten. Der Umfang dieses Buches reicht leider nicht aus, um hier auf alle Einzelheiten und Eventualitäten einzugehen. Für Ihre und die Sicherheit anderer Fernwanderer ist es deshalb von großem Vorteil, wenn Sie sich selbst und praktisch mit dem Wissensgebiet der ersten Hilfe auseinander setzen. Dazu eignet sich ein Erste-Hilfe-Kurs, der Ihnen auch in vielen anderen Lebenslagen von Vorteil sein kann. Ferner verweisen wir in der Bibliografie auf einschlägige Publikationen zu diesem Thema. Das sich Auseinandersetzen mit der ersten Hilfe gehört zu den entscheidenden Schritten einer verantwortungsvollen Vorbereitung auf eine Fernwanderung. Je mehr Sie über erste Hilfe wissen, desto mehr Sicherheit werden Sie im Notfall bekommen und desto besser werden Sie helfen können.

10 Klassische Trekking-Ziele

Wohin soll eigentlich die Reise gehen? Welche Gebiete drängen sich als Trekking-Ziele auf, welche Schwierigkeiten, welche Infrastrukturen und welches Klima erwarten mich dort? Welches sind die hauptsächlichen Charakteristika der verschiedenen topografischen Bereiche, die wir in allen Kontinenten antreffen können?

Natürlich ist es ein absolut verwegenes Unterfangen, generelle Informationen und Empfehlungen für die ganze Welt geben zu wollen. Das ist hier nur in beschränktem Umfang und relativ oberflächlich möglich. Dennoch sind nachfolgend einige Anregungen und Tipps zu verschiedenen Erdteilen, topografischen Zonen und Klimagebieten vorhanden, die Ihnen bei der Auswahl des Reiseziels dienlich sein können. Das individuelle Anpacken eines außergewöhnlichen Reisevorhabens darf jedoch nur erfahrenen Trekkern empfohlen werden. Vertrauen Sie zu Beginn ruhig auf die Angebote der einschlägigen Anbieter, die über die nötigen Verbindungen und das nötige Wissen im und über das Zielgebiet verfügen.

Außergewöhnlich: Lilien auf der Insel Skye, Schottland

Länge des Urlaubs

Die Länge des investierten Urlaubs wird bei der Wahl des Zielgebietes eine wichtige Rolle spielen, wie auch etwa das Budget, das man dafür einzusetzen gedenkt. Beim Trekking gilt eigentlich die Devise: Je länger, desto schöner! Ist man einmal unterwegs und hat sich an Tagesrhythmus, Klima und Ernährung gewöhnt, so läuft es eigentlich von selbst. Ihre Beine wandern und Sie können sich mehr und mehr auf andere Dinge, wie die Landschaft, die Kultur und andere Wissensgebiete, konzentrieren. Sie sollten sich aber davon nicht allzu sehr ablenken lassen, schließlich haben die Beine keine Augen und die Sicherheit auf dem Weg geht immer vor. Auf Grund der heutigen globalen Situation in Wirtschaft und Gesellschaft werden längere Urlaube mehr und mehr zur Rarität. Zudem ist es nicht mehr so einfach, »auszusteigen« und danach wieder eine Arbeit zu suchen. Der Trend geht also mehr und mehr in Richtung kürzerer Ferienreisen. Der Zeitfaktor schränkt damit die Auswahl des Reiseziels mehr und mehr ein. Es macht keinen großen Sinn, eine Fernreise in einer Woche oder zehn Tagen absolvieren zu wollen. Der körperliche Stress wäre zu groß, der Erholungswert zu gering. Gewisse Trekkings sind zudem in einem kurzen Zeitabschnitt schlicht nicht zu bewältigen, und eine Kürzung des traditionell üblichen Zeitmaßes für andere Touren unvernünftig und nicht zu empfehlen.

Die Region des Mt. Everest, 8850 m, ist ein Trekkingziel, das auf Grund von Entfernung und Höhe viel Zeit erfordert.

Topografische und klimatische Zonen

Generell verbinden wir die Tätigkeit des Trekkings mit den Bergen. Man kann aber auch an Meeresküsten und Flussufern, im Urwald, in Savannen, Steppen, Wüsten und auf Hochebenen wandern. Dazu ist generell zu bemerken, dass die Berge mehr Abwechslung (aber auch mehr körperliche Anstrengung) bereit halten. Das Wandern in den Bergen führt uns durch Schluchten, über Pässe und Gipfel, zeigt uns täglich, ja stündlich neue Panoramen. Zudem ändern sich das Klima und die Vegetation laufend, je nach Höhenstufe, in der wir uns bewegen. Die Berge sind eigentlich nie langweilig oder eintönig, sondern immer spannend und anregend.

Ein Trek zu Fuß durch einen Urwald setzt schon spezifischere Kenntnisse voraus: Kenntnisse über die Gesetze des Waldes, über wilde Tiere, Wasser, Sümpfe und Moore. Im Wald ist meist der Himmel nicht zu sehen, die Zeichen der Natur und der Wetterentwicklung sind weniger klar abzuschätzen und die Orientierung kann schwierig werden, da das Gesichtsfeld stark eingeschränkt ist. Dafür entschädigt der Urwald mit seiner Üppigkeit und seiner grünen Farbe, die vom Menschen als angenehm empfunden wird. Viele Fahrten durch den Urwald werden deshalb auf den Wasserläufen ausgeführt, die weniger Hindernisse aufweisen. Dort

Große Einsamkeit: Gebirgssteppe in Rupshu

schweifen wir aber ab in Richtung Rafting, Kanusport und Bootsfahrten, welche zwar ideell mit dem Trekking verwandt sind, jedoch als selbstständige Disziplinen angesehen werden müssen, da sie nicht mehr zu Fuß ausgeführt werden.

Eine weitere spezielle klimatische Zone sind die Wüsten. Man muss sie lieben, sonst hasst man sie. Auch für Trekkings in diesen Sandmeeren sind eine Menge spezieller Kenntnisse und spezifischer Ausrüstung notwendig. In die Wüsten darf man sich erst wagen, wenn man sich eingehend mit deren Charakteristik und Spezialitäten auseinander gesetzt hat. Die Wüsten – es muss nicht unbedingt eine Sandwüste sein, eine Steppe reicht auch schon – entschädigen jedoch mit großer Einsamkeit und herrlichem Licht. Die vorherrschende Farbe besteht aus Brauntönen, die in der Regel vom Menschen als anregend empfunden werden. Im Gegensatz zu den Bergen sind die Wüsten aber eher eintönig und bieten weniger Abwechslung. In der Regel sind die objektiven Gefahren geringer, dafür hat man individuell mehr Freiraum für seine Gedanken und für Gespräche mit anderen. Dasselbe gilt auch für die großen Hochebenen dieser Erde. Trekkings in Wüsten, ob in Afrika, im Mittleren Osten oder Zentralasien, werden mit Vorliebe mit Dromedaren und Kamelen als Trag-, aber auch als Reittieren ausgeführt. Die Begegnung mit diesen eigenartigen, charaktervollen Tieren gehört in diesen Trockengebieten zum eigentlichen Begleitprogramm. Zudem wird man in der Wüste jeden einzelnen Schluck Wasser zu schätzen wissen. Die Wüste lehrt uns auch, mit wie wenig Wasser wir pro Tag eigentlich auskommen könnten.

Herrliches Licht: Chemre Gompa in Ladakh

Spielplatz Europa: Matterhorn, Wallis

Die Alpen

Die Alpen wurden einst als der »Spielplatz Europas« gepriesen. Heute werden Sie von jährlich über zehn Millionen Touristen aufgesucht. Die meisten davon sind Massentouristen, die sich in den großen alpinen Zentren, vor allem im Winter, vergnügen. Im Hochsommer kann es in verschiedenen Regionen auch »eng« werden. Aber, die Alpen sind lang, sie reichen von Nizza bis in die Karawanken in Slowenien. Überraschenderweise bieten sie nach wie vor sehr viele einsame, ja unbekannte Winkel und Gegenden, vor allem in ihren südlichen und östlichen Ausläufern. Zudem haben die Alpen den Vorteil, mitten in Europa zu liegen und vom öffentlichen und privaten Verkehr außerordentlich gut erschlossen zu sein. Sie entsprechen durch ihre Nähe, ihre spontane Erreichbarkeit und ihre Infrastrukturen dem modernen Urlaubsziel schlechthin.

Wie wir gesehen haben, liegt der Trend heute eindeutig in kürzeren Ferien, deshalb auch kürzeren Trekkings. Zudem wird der Urlaub oft spontan bezogen, wenn z.B. die geschäftlichen Umstände es erlauben oder wenn der Wetterfrosch ein stabiles Hoch ankündigt. Die Hauptsaison für Trekkings in den Alpen liegt eindeutig in den Sommer- und Herbstmonaten. Gewisse Vorteile der Alpen sind aber auch gleichzeitig deren Nachteile. Hektik, Horizontverschandelung, Verkehrslärm und Straßen bis an die Schneegrenze verhindern in den zentralen Abschnitten mancherorts das eigentliche und nachhaltige Naturerlebnis oder schränken dieses zumindest stark ein. Zudem haben die Alpen den Nimbus, teuer zu sein. In einem Punkt dürfen die Alpen jedoch nicht unterschätzt werden: Wir meinen sie zu kennen, was gar nicht stimmt. Es gibt kaum ein Gebiet, das so viele in Vergessenheit geratene kulturelle Eigenheiten aufweist. Diese gilt es zu entdecken, und dazu sind die Alpen ein sehr dankbares Trekking-Ziel, weil sie vor der Haustür liegen.

Europäische Peripherie : Ein Munro durchbricht die Wolkendecke in Schottland.

Die europäische Peripherie

Etwas ruhiger als die Alpen präsentieren sich die peripheren Regionen des alten Kontinents. Von Portugal über Island, Schottland, Skandinavien, die Tatra, den Balkan, den Kaukasus, Griechenland, die großen Mittelmeerinseln und die Pyrenäen zieht sich ein weiter Bogen äußerst interessanter Trekking-Gebiete. Diese sind zudem von Mitteleuropa aus mit Kurzflügen bequem zu erreichen und gelten politisch als sicher. Das gemeinsame Prädikat dieser Destinationen sind die Stille, die Abgeschiedenheit, aber auch die Unerschlossenheit. Das Naturerlebnis wird mit dem Preis der Improvisation und einer gewissen Beschwerlichkeit erkauft. Das Tempo in diesen Regionen ist eindeutig langsamer als im hektischen, industrialisierten und pulsierenden Herzen Europas. Trotzdem sind die kulturellen Vergleichsmöglichkeiten verblüffend. Jede der genannten Regionen für sich weist außerordentlich reizvolle Spezialitäten und typische Kontraste zu auf. Je nach Gebiet können Trekkings im Frühling, Sommer oder Herbst unternommen werden. In den nördlicheren Hemisphären sind natürlich die Temperaturen niedriger und die Wetterabläufe unberechenbarer. Im Mittelmeerraum hingegen kann der Wärme auch etwas zu viel werden für das Wandern.

Rocky Mountains

Wenn wir zu den Rocky Mountains auch noch den kanadischen Teil dazuzählen, so erhalten wir eines der größten zusammenhängenden Trekking-Gebiete der Erde. Zudem hören die Rockies an der Grenze zu Mexiko nicht auf. Das ganze Gebiet gilt politisch als sicher, je nach Dollarkurs sind die USA zudem ein sehr attraktives Reiseziel, zudem sind die Flugtarife dorthin sehr günstig. Die Rocky Mountains warten mit verschiedensten klimatischen Zonen auf und einem wahren Strauß von einmaligen, gut organisierten und sehenswerten Nationalparks. Eine weitere Attraktion der Rockies sind die imposanten vulkanischen Zonen, welche sie durchziehen. Dieses Zielgebiet, im Westen Nordamerikas gelegen, ist mit Flugzeug und Auto gut zu erreichen, allerdings sind die Anfahrtswege je nach Region recht lang. Die Trekkings in den Rocky Mountains sind generell eher für den individuellen Trekker zugeschnitten. In vielen Abschnitten, besonders innerhalb der teilweise riesigen Nationalparks, besteht nur eine geringe Bevölkerungsdichte und auch nur eine geringe Dichte von Hütten und Unterkünften und anderen touristischen Infrastrukturen. Dafür ist das Naturerlebnis in den Rocky Mountains sehr eindrücklich. Das ganze Gebiet kann erfahrenen Trekkern eigentlich nur empfohlen werden. Es gibt kaum ein Trekking-Gebiet, dass den individuellen Bedürfnissen so viel Raum lässt.

Das Lama, ein Markenzeichen der Anden

Anden

Die Anden ziehen sich von Feuerland her an der Westküste Südamerikas entlang bis nach Kolumbien. Als Reiseländer sind besonders Bolivien, Peru und Ekuador zu empfehlen, daneben auch Chile und Argentinien. Nebst der phänomenal langen Gebirgskette, in die einige attraktive Vulkane eingelagert sind, bieten die Anden zudem interessante Gipfelziele und das Altiplano, eine

Hochebene, auf der sich der Titicacasee befindet. Die klimatischen Unterschiede zwischen der eigentlichen Gebirgsregion und den tief eingeschnittenen Flusstälern, die sich zum Amazonas hin entwässern, sind sehr spektakulär und unvergesslich. Die Freundlichkeit der Bevölkerung und die Vielschichtigkeit von indianischer und kolonialistischer Kultur kommt dem Besucher durchaus entgegen. Jedoch müssen die politischen Entwicklungen in diesen Staaten dauernd beobachtet werden. Viele Trekking-Ziele in den Anden befinden sich zudem in beträchtlichen Höhen. Sehr oft werden gewisse tiefer gelegene Höhenzonen durch den Anflug auf einen hoch gelegenen Flughafen, mit dem Bus oder Zug übersprungen, weshalb die Höhenakklimatisation schwierig werden kann. Der Höhenkrankheit muss wegen der teilweise abhanden gekommenen Akklimatisation sehr große Beachtung geschenkt werden. Beachtet werden sollte in den südlichen Abschnitten der Anden auch der Südsommer, der während unseres Winters stattfindet.

Afrika

Afrika zählt zwar nicht unbedingt zu den Favoriten bei den Wanderhungrigen, doch hat der Kontinent einige attraktive Zonen, in denen Trekkings unternommen werden können. Besonders der Atlas Marokkos bietet sich an für schöne Erlebnisse, zudem ist Marokko relativ gut zu erreichen und politisch stabil. Der Norden Afrikas wird durch den Wüstengürtel der Sahara abgeschlossen. Dieses enorme Gebiet hält einige Perlen für die Liebhaber von Wüsten bereit. Derzeit können jedoch nicht alle an die Sahara angrenzenden Länder vorbehaltlos als Reiseziele empfohlen werden. In Ostafrika befindet sich das Rift Valley und damit eine Reihe vulkanischer Berge. Der bekannteste unter ihnen ist sicher der Kilimanjaro, den man trotz seiner Höhe von fast 6000 Metern als Trekking-Berg bezeichnen kann. Die Routen zum Gipfel können als Wanderungen eingestuft werden. In einigen der zahlreichen Nationalparks von Ost- und Südafrika können zudem attraktive Trekkings unter Führung kundiger Wildhüter durchgeführt werden. Kongo, Rwanda und Burundi mit dem Ruwenzorigebirge und seinen Gorillapopulationen sind reizvolle, wenn auch anspruchsvolle Regionen, sich mit dem afrikanische Urwald vertraut zu machen. Während die Kalahari in Namibia ein weiteres Wüstengebiet darstellt, gibt es in Südafrika eine ganze Anzahl moderaterer Klimazonen zu bestaunen. Viele Länder Afrikas leiden jedoch unter politischen Wechseln und Unruhen, weshalb das Reiseziel sorgfältig ausgewählt werden muss.

Australien/Neuseeland

Die Antipoden Europas sind geradezu ideale Trekking-Gebiete. Die beiden Länder sind politisch stabil, gut erreichbar, mit qualitativ guten Infrastrukturen und einer beinahe intakten, großartigen Natur bestückt. In Australien sind Trekkings in den Bergen und Hügeln Ostaustraliens, auf Tasmanien und in den Urwäldern des Nordens wie auch im Outback, den großen Steppen und Wüsten möglich. Neuseeland wartet auf mit den Südalpen auf der Südinsel und Bergen vulkanischen Ursprungs auf der Nordinsel. Diese Gebiete weisen eine beachtliche Ausdehnung auf und sind sehr attraktiv. Wer den Winter in Europa nicht liebt und zu dieser Zeit

Grassteppe: Tibetische Hochlandziegen in Changthang.

lieber wandern möchte, der »flüchtet« am besten nach Australien oder Neuseeland. Von Dezember bis März sind dort beste Verhältnisse zu finden. Der einzige Nachteil besteht darin, dass Australien und Neuseeland nur mit sehr langen und auch nicht billigen Flügen zu erreichen sind. Zudem eignen sich die beiden Länder kaum für einen Kurzurlaub. Die enorme Zeitverschiebung und der meist abrupte Klimawechsel sprechen nicht unbedingt dafür.

Arktis und Antarktis

Als Ultima Ratio aller Trekker können die beiden Polargegenden empfohlen werden. Wer schon überall war oder gewesen zu sein glaubt oder einfach die Kälte liebt und vor ihr keine Angst hat, der sollte sich in den nördlichsten oder südlichsten Weltgegenden umsehen. Die Arktis scheint auf den ersten Blick attraktiver. Außer Spitzbergen und Grönland finden sich nahe des Polareises die außerordentlich einsamen und kargen Welten Alaskas, im Norden Kanadas und die Tundra und Taiga Sibiriens. Die Antarktis weist wesentlich weniger Terrain auf, das sich zum Wandern eignet. Sie ist praktisch total vergletschert, weshalb sich vorderhand ein Trekking in der Antarktis nur mit Schneeschuhen bewerkstelligen lässt. Nun, wenn Sie die Freiheit lieben und wirklich weit weg sein wollen von allem und allen, so sind Sie jenseits der Polarkreise eigentlich sehr gut aufgehoben. Nur, diese Gebiete sind bekannt für ihr sehr raues Klima, für die endlose Polarnacht, für die Eisbären und das Eis, das endlose, kalte Eis. Deshalb sind diese Eiswüsten wirklich nur als Ultima Ratio bekannt, und nicht etwa als ein alltägliches Trekking-Ziel. Wagen Sie sich deshalb ohne einschlägige Erfahrung oder intensive Vorbereitung nie in diese verlorenen Weltgegenden. Sie werden dort nämlich praktisch auf sich selbst gestellt sein.

Wüsten und Steppen

Sandwüsten gibt es – außer in Europa – eigentlich auf allen Kontinenten. Sehr bekannt ist der Wüstengürtel, der sich von der Atlantikküste durch Nordafrika, den Mittleren Osten, Iran, Zentralasien bis in die Mongolei hineinzieht. Dort gibt es jede Menge von Zielen, die den Liebhabern des Sandes entgegenkommen. Wie bei den Eiswüsten setzen Reisen in die Sandwüsten spezielle Kenntnisse, Ausrüstung und Verhaltensweisen voraus. Durch die anhaltende politische Öffnung in Zentralasien haben sich einige bislang kaum beachtetet Länder zu eigentlichen Geheimtipps entwickelt. So die Mongolei, Kirgisistan und die Provinz Sinkiang (Xinjiang Uygur) in Westchina. Diese Destinationen bieten den Vorteil, nebst der Wüste und der Steppe noch eindrückliche Gebirge aufzuweisen.

Himalaja und Karakorum

Das eigentliche Mekka für Trekker liegt im Herzen Asiens. Der Himalaja, 2600 Kilometer lang, ist ein einziges, sehr ursprüngliches Trekking-Gebiet. Nirgendwo in der Welt, außer im Himalaja (und dem angrenzenden Karakorum) finden sich Berge von 7000 und 8000 Meter Höhe. Von Pakistan über Indien (Kaschmir, Ladakh, Himachal Pradesh, Uttar Anchal, Uttar Pradesh), Nepal, Sikkim, Bhutan, Assam und Tibet zieht sich im subtropischen Klimabereich eine gewaltige Gebirgszone, die bis heute wenig bis kaum mit den Infrastrukturen der Moderne erschlossen wurde. Vom Urwald der Niederungen über die Gebirgssteppe bis zur arktisch anmutenden Eiswüste sind praktisch alle Klimaregionen vertreten. Zudem offeriert der Himalaja eine kulturelle Vielschichtigkeit, die ihresgleichen sucht. Die erhabene Kulisse des höchsten Gebirges der Welt wird umgarnt von einem Strauß an ethnischen Gruppen und Klimastufen.

Leider werden verschiedene Regionen des Himalaja von politischen Zwisten heimgesucht, so Kaschmir und neuerdings auch Nepal. Die Höhe dieser Gebirgsregionen ist eben-

Erhabene Kulisse: Manaslu, Ngadi Chuli, Himalchuli im Gurkha Himal, Nepal

falls beträchtlich, zudem sind die Straßen meist schlecht. Reisen sind mit einem überdurchschnittlichen Zeitaufwand verbunden. Die internen Flüge operieren als reine Sichtflüge, weshalb sie bei schlechtem Wetter ausfallen oder verschoben werden können. Für die Akklimatisation und die Transfers in den entsprechenden Ländern ist deshalb ein genügendes Zeitfenster einzuplanen. Der Himalaja eignet sich aus diesen Gründen eher für mittlere oder längere Aufenthalte. Das Sanskrit-Sprichwort »Hunderttausend irdische Daseinsformen reichen nicht, um alle Wunder des Himalaja zu erkennen und zu entdecken« gilt heute ebenso wie damals und hoffentlich in Zukunft auch noch.

DIE 14 ACHTTAUSENDER

Offizieller Name	weitere Namen	Höhe	Gebirge	Land
Mount Everest	Chomolungma, Sagarmatha	8850 m	Himalaja	Nepal/Tibet
K2	Chogori, Mt. Godwin Austen	8611 m	Karakorum	Pakistan/China
Kangchenjunga		8598 m	Himalaja	Nepal/Sikkim
Lhotse		8511 m	Himalaja	Nepal/Tibet
Makalu		8481 m	Himalaja	Nepal/Tibet
Dhaulagiri		8167 m	Himalaja	Nepal
Manaslu		8156 m	Himalaja	Nepal
Cho Oyu		8153 m	Himalaja	Nepal/Tibet
Nanga Parbat		8125 m	Himalaja	Pakistan
Annapurna		8091 m	Himalaja	Nepal
Gasherbrum I	Hidden Peak	8068 m	Karakorum	Pakistan/China
Broad Peak	Falchan Kangri	8047 m	Karakorum	Pakistan/China
Shisha Pangma	Gosainthan	8046 m	Himalaja	Tibet
Gasherbrum II		8035 m	Karakorum	Pakistan/China

11 Einige berühmte Trekking-Touren

In diesem Kapitel wollen wir anhand einiger klassischer Trekking-Touren den Facettenreichtum des Trekkings darstellen. Es handelt sich dabei lediglich um eine eher zufällig ausgewählte, aber dennoch repräsentative Auswahl. Einige Touren haben wir umfassend beschrieben, andere wiederum nur mit den wichtigsten Merkmalen. Alle diese Beispiele haben einen Zweck: den Appetit anzuregen. Einschlägige Reise- und Trekkingführer und Gebietsliteratur werden Ihnen bei der Suche nach Details weiterhelfen.

Der Everest-Trek (Nepal/Himalaja)

Sherpas, Klöster, Yaks und die höchsten Berge der Welt: Das sind die Attribute dieses Klassikers. Wir betreten dabei nicht nur eine der imposantesten Bergregionen dieser Welt, sondern auch einen geschichtlich und kulturell sehr faszinierenden Raum. Dieser lange Trek zum Everest wurde durch die ersten Expeditionen bekannt, die in den Fünfzigerjahren des 20. Jahrhunderts den Weg zum Basislager bereits in Kathmandu starten mussten. Heute wird die Strecke durch die Straße nach Jiri und das Flugfeld nach Luglha entscheidend verkürzt. Trotz der derzeitigen (aber abklingenden) politischen Turbulenzen in Nepal konnte dieser Trek immer gefahrlos unternommen werden.

Everest, Nuptse und Lhotse vom Gokyo Peak. Im Vordergrund fließt der geröllbeladene Ngozumpa Gletscher.

Trekker und Sherpa auf dem Aussichtsgipfel Gokyo Peak, 5330 m

GEOGRAFIE UND TOPOGRAFIE

Der Khumbu- oder Mahalangur Himal bildet mit dem Mount Everest den Kulminationspunkt des Himalaja-Gebirges. Neben dem Mount Everest (8848 m, nach einer Laservermessung neu 8850 m hoch) sind mit Lhotse und Cho Oyu noch zwei weitere Achttausender zu bestaunen, daneben jede Menge herrlicher Berggestalten, die ihre Gipfel über 7000 m hoch in den Himmel recken. Der Makalu gehört nicht mehr direkt zum Khumbu Himal, ist jedoch von einigen Aussichtspunkten im Khumbu gut zu sehen. Der Khumbu Himal wird von fünf Tälern unterteilt, die untereinander mit schönen Höhenwegen und teilweise mit Pässen verbunden sind.

AUSGANGSPUNKTE

Die Straße nach Jiri und das Flugfeld in Luglha (2834 m) erschließen das Gebiet sehr gut. Luglha liegt relativ hoch. Es ist deshalb nach Ankunft ein genügender Zeitrahmen für die Akklimatisation einzuplanen. Der Anmarsch ab Jiri, Tumlingtar oder ein Flug nach Phaphlu sind deshalb vorzuziehen.

KLIMAZONE

Während im Tal des Dudh Kosi ein gemäßigtes submontanes Klima herrscht, gelangen wir nach der Talstufe oberhalb von Namche Bazar in die semiarid-montane und subalpine Stufe. Der Sommermonsun hat einen großen Einfluss auf die Vegetation. Gerste wird bis auf 4500 m Höhe angebaut, das höchste Dorf Nepals, Dingpoche, liegt zwischen 4200 und 4400 m. Weidegebiete werden im Sommer bis in eine Höhe von 5500 m genutzt.

BEVÖLKERUNG

Der Khumbu Himal wird von Sherpas bewohnt, die sich in großen, lockeren Dorfkomplexen zusammenfinden. Ursprünglich Viehzüchter, Händler und Ackerbauern, beschäftigt sich dieser clevere Bergstamm osttibetischer Herkunft heute hauptsächlich mit den mannigfaltigen Berufen in der Tourismusbranche. Der Khumbu Himal gehört zu den am besten entwickelten Gebieten im ganzen Himalaja. Viele Sherpas sind früher nach Darjeeling, in letzter Zeit auch nach Kathmandu ausgewandert.

WISSENSWERTES

Der Khumbu Himal verdankt seine Berühmtheit dem Mount Everest (tibetisch Chomolungma) und seine Beliebtheit dem Sherpavolk. Der Berghorizont im Khumbu Himal gehört zu den großartigsten Anblicken, die dieser Erdball zu bieten hat. Die Landschaft besticht durch Großzügigkeit, Weite und Größe. Gleichzeitig betreten wir hier einen hoch interessanten Kulturraum mit der typischen Sherpa-Architektur und vielen, teilweise sehr alten Lama-Klöstern. Das religiöse Zentrum im Khumbu bildet das einmalig gelegene Kloster Tengpoche. Der alte Konvent wurde 1989 ein Raub der Flammen, ist aber bereits 1991 wieder aufgebaut und eröffnet worden.

Das Gebiet ist relativ klein und wird zum großen Teil vom Sagarmatha Nationalpark abgedeckt. Sagarmatha ist übrigens der nepalesische Name für den Everest. Durch diesen Park ist es gelungen, die Interessen des Tier- und Naturschutzes mit jenen der hier lebenden Bevölkerung in Einklang zu bringen. Als Zugang und zugleich Ausgang dient das Tal des Dudh Kosi. Oberhalb von Namche Bazar fächern sich fünf Täler auf, von dem vier für Touristen ohne weiteres zugänglich sind. Am Ende dieser Täler und an deren Rändern befinden sich die magischen Berggestalten, die alle bestaunt werden können, ohne dass man die herrlichen Wanderwege verlassen muss.

Man muss aber wissen, dass das Everest-Gebiet eines der meistbesuchten Bergregionen Nepals ist. Die meisten Touristen besuchen es im Oktober. Meiden Sie deshalb diesen

Auf dem Marsch zum Everest: Wolkenstimmung in Solu Khumbu

Monat und bevorzugen Sie den Frühling, der zudem den Vorteil der sich entfaltenden Blumenpracht hat.

VORAUSSETZUNGEN

Die Wege des Khumbu Himal bieten außerhalb der Wintermonate keinerlei nennenswerte technische Schwierigkeiten, zudem kann die Länge des Treks individuellen Bedürfnissen angepasst werden. Große Pässe müssen nicht unbedingt überschritten werden. Deshalb eignet sich das Gebiet eigentlich für alle sportlichen Personen. Das einzige Problem besteht in der Höhenlage und in der Gefahr der Höhenkrankheit. Falls Sie genügend Zeit für die richtige Akklimatisation haben und die hier vorgeschriebenen Tagesetappen und Ruhetage respektieren, werden Sie weder krank werden noch in Lebensgefahr geraten.

KURZCHARAKTERISTIK

Dieser Trek beginnt in Luglha für jene, die fliegen; in Phakdingma für jene, die von Jiri oder Tumlingtar zu Fuß ins Khumbu gelangt sind. Zunächst folgen wir dem Dudh Kosi bis Jorsale, dann gilt es, die markante Geländerampe von Namche Bazar zu ersteigen: ein erster harter Prüfstein. Nach einem obligatorischen Ruhetag zur Akklimatisation in diesem quirligen Marktort besuchen wir zunächst das Gokyo-Tal. Nach Besteigung des Gokyo Peak wenden wir uns dem Khumbugletscher zu und besuchen den Kala Pattar. Von hier kann der Everest sehr eindrücklich beobachtet werden. In Chhukhung geht es hinunter zum religiösen Zentrum des Khumbu, dem Kloster Tengpoche. Von dort gehen wir wieder auf bekannten Pfaden über Namche zurück nach Luglha. Es handelt sich um einen der schönsten und auch gefahr-

Amai Dablang, 6856 m, und das Kloster Tengpoche

losesten Trek Nepals. Einzig und allein den Gesetzen der Höhenakklimatisation sollte man sich sehr konsequent unterwerfen.

TOURISTISCHE INFRASTRUKTUR

Auf der ganzen Route sind sehr viele und teilweise sehr schön eingerichtete Lodges zu finden, in denen man übernachten und sich verpflegen kann. Der Trek ist für Individualtouristen sehr geeignet. In Khunde befindet sich ein Krankenhaus mit westlichem Standard und in Pheriche die Station der HRA (Himalayan Rescue Association), die sich der Erforschung der Höhenkrankheit widmet.

BESTE JAHRESZEIT

Für den Besuch des Khumbu Himal eignen sich die Monate Oktober, November, März, April und Mai. Wer die Kälte nicht scheut und vor gelegentlichen Schneefällen keine Angst hat, dem seien die sehr stillen Wintermonate (Dezember bis Februar) ans Herz gelegt. Nach ergiebigen Schneefällen kann jedoch örtlich Lawinengefahr eintreten.

DAUER

Der Trek zum Everest und zurück nimmt ca. 18 Tage in Anspruch. Bei einem Flug nach Luglha müssen zusätzlich zwei Reservetage eingeplant werden, da die Flüge lediglich bei gutem Wetter stattfinden. Auf den Abstecher nach Gokyo kann man natürlich verzichten, der Trek von Luglha zum Basislager und Kala Pattar und zurück dauert etwa zwölf Tage.

ROUTENBESCHREIBUNG

1. Tag: Luglha, 2834 m – Phakdingma, 2600 m (2.30 Std.)
Vom Flugfeld von Luglha, 2834 m, nehmen wir einen breiten Weg durch das Dorf und das Außenquartier Tamangtole. Von dort geht es in einer Stunde bis Cheplung (Lomdza), 2680 m, wo man auf den Hauptweg von Jiri nach Chaunrikharka trifft. Nun etwas absteigend nach Ghat (Lhawa), 2492 m, 1 Std. Der Weg bleibt am rechten (östlichen) Talhang und überquert einen Felssturz, danach sehr gemütlich nach Phakdingma, 2600 m, 0.30 Std. Sehr akklimatisationsfördernd ist der Ausflug zur schönen Gomlha Dzamgang Gonda (sherpa: gonda, tib. gompa = Kloster) oberhalb von Phadkingma. Hin und zurück etwa 1.30 Stunde.

2. Tag: Phakdingma, 2600 m – Namche Bazar 3440 m (4.30 Std.)
Über die Brücke und an das linke (westliche) Ufer des Dudh Kosi. In knapp 1.15 Stunden erreicht man Bemkar (Benkar), 2720 m. Hier wird der Tramserku, 6608 m, sichtbar, der praktisch von überall im oberen Khumbu gesehen werden kann und einen sehr guten Orientierungspunkt bildet. Hinunter zur Brücke und rechts (nach Osten) hinauf zum Kyashar Drangka. Nach der Brücke steil hinauf nach Monjo, 2845 m, 0.30 Std. Wir steigen kurz zum Checkpost des Sagarmatha Nationalparks und über die Hängebrücke nach Jorsale (Thumbug), 2790 m. Bald erreicht man das Geröllbett des Dudh Kosi und die Holzbrücke. Dort wieder auf das rechte (östliche) Ufer bis zu einer hohen Hängebrücke über den Imja Drangka, 2860 m, knapp 1 Std. Nun steil hinauf in einer Stunde nach Jomtable, 3220 m. Jetzt weniger steil, teilweise im Wald, in einer weiteren Stunde nach Namche Bazar, 3440 m (Checkpost, Museum Nationalpark auf Mendalphu).

Aussicht vom Gokyo Peak: Kang Taiga und Tramserku

3. Tag: Namche Bazar, 3440 m (Ruhetag)

Der Name »Namche Bazar« ist die nepalesische Form von »Nauche« (sherpa). Die Tibeter nennen den Ort »Naboche«. Hier muss unbedingt ein Ruhetag eingelegt werden, auch wenn Sie sich beim Aufstieg bis hierher gut gefühlt haben. Nutzen Sie die Zeit für einen Besuch des Museums oder für einen Rundgang nach Khumjung und Khunde, kehren Sie aber zum Schlafen nach Namche Bazar zurück. Sollten Sie an einem Freitag hier ankommen, so können Sie am Samstag Vormittag den farbenfrohen Wochenmarkt bewundern.

4. Tag: Namche Bazar, 3440 m – Thame, 3800 m (4 Std.)

Wir verlassen das Dorf in Richtung des Klosters. Auf einem schönen Höhenweg durch Wald und vorbei an zwei Seitentälern (darunter das wunderschöne Tal von Kyajo Drangka) erreichen wir in zwei Stunden Thamo (Dramo), 3460 m (Lunch). Kurz nach dem Dorf hinauf und in einer Stunde zur Brücke über den Nangpo Tsangpo (auch Bhote Kosi), 3630 m. Nun kurzer Aufstieg in 0.30 Stunde zum Dorf Thame (Thame Og), 3800 m. Von hier lohnt sich auf jeden Fall ein Abstecher auf schönem Weg durch Wacholderwald in 0.45 Stunde zur Thame Gonda, 3980 m, sehr schönes, altes Lamakloster, zurück in 0.30 Stunde. (Zeitbedarf in obiger Gesamtzeit nicht enthalten).

5. Tag: Thame, 3800 m – Khumjung, 3790 m (3.30 Std.)

Durch Wacholderhain steigt man in knapp 0.30 Stunde hinunter zur Brücke über den Nangpo Tsangpo, 3630 m. Danach leicht aufsteigend und auf Höhenweg in 0.45 Stunde bis Thamo, 3460 m. Weiter auf dem schönen Weg nach Phurte, 3440 m, danach im Wald nach links abzweigen. Es geht hinauf in 1.30 Stunde bis zum Flugfeld von Syampoche, 3770 m. Von hier steigen wir gemächlich hinauf zu einem Pass, 3833 m, und von dort hinunter nach Khumjung, 3790 m, 0.45 Std., ein großes Sherpa-Dorf; Krankenhaus oberhalb in Khunde, herrliche Sicht auf Amai Dablang, 6856 m.

Auf dem einmalig schönen Höhenweg von Phortse nach Pangpoche

6. Tag: Khumjung, 3790 m – Dole, 4040 m (4 Std.)

Nach dieser optimalen Vorbereitung (Ruhetag in Namche, Ausflug nach Thame) dürfen wir uns getrost den oberen Gefilden des Khumbu zuwenden. Wir betreten nun die vielleicht spektakulärsten Hochtäler der Welt, und es wäre jammerschade, wenn man sich hier nicht gut fühlen würde. Von Khumjung, 3790 m, wenden wir uns links (nach Norden) dem Berghang zu, der vom Khumbui Yul Lha (dem Schutzgott des Khumbu) gebildet wird. Bald gelangen wir zu einer Steintreppe, die ein steiles Felscouloir hinaufführt. Nun auf einem herrlichen Höhenweg stetig hinauf zum Chörten von Mong, 3973 m, 1.30 Std. (Lunch). Nun Abstieg durch Mischwald in 1 Stunde bis Phortse Drangka, ca. 3800 m. Hier zweigt der Weg nach rechts zum Bach und nach Phortse ab, wir gehen links (nach Norden) durch den Wald in eine Schlucht. Diese verlassen wir nach links (nordwestlich) auf steilem Weg hinauf bis zur Alp Dole, 4040 m, 1.30 Std. Herrlicher Platz, Sicht auf Kang Taiga und Tramserku.

7. Tag: Dole, 4040 m – Pangka, 4480 m (2.45 Std.)
Natürlich könnte man heute zeit- und distanzmäßig ohne Probleme bis nach Gokyo gelangen. Das macht jedoch absolut keinen Sinn, da Sie damit die elementaren Regeln der Höhenanpassung verletzen würden. Wir machen also eine relativ kurze Etappe und benutzen den Nachmittag für weitere Aktivitäten. Von Dole auf den Moränenhügel (Sicht auf Cho Oyu!) und leicht ansteigend in 1.30 Stunde bis Luza, 4380 m. Kurzer Aufstieg, dann flach und hinab nach Machhermo, 4410 m, 0.30 Std. Wieder kurzer Aufstieg und flach in 0.45 Std. nach Pangka, 4480 m (hier Lunch und Camp). Nachmittags besteht die Möglichkeit, auf den Aussichtsberg mit Höhe 5065 m (eine etwas geröllbeladene Angelegenheit) oder, noch schöner, zur Alp Chhugyüma, 4920 m, im Nyimagawakessel gegenüber zu wandern. Auch Ausruhen im Camp tut gut.

8. Tag: Pangka, 4480 m – Gokyo, 4750 m (2 Std.)
Aufstieg am linken (westlichen) Bachufer entlang, dann kurz durch Geröll hinauf zu einem ersten See, 4600 m, 1 Std. Weniger ansteigend zum zweiten See, Longponga Tsho, 4700 m, und schließlich fast flach der Moräne entlang nach Gokyo, 4750 m, 1 Std., sehr schöner See (Gokyo Tsho).

9. Tag: Gokyo, 4750 m – Gokyo Peak, 5330 m (4 Std.)
Heute besuchen wir diesen herrlichen Aussichtsberg im Gokyo-Tal. Wir überqueren den Bach, der den See speist, auf gut positionierten Steinen. Dann folgen wir den Wegspuren und steigen am Südhang gemütlich auf bis zum Gokyo Peak, 5330 m, 2.30 Std. Fantastische Sicht auf Cho Oyu, Everest, Lhotse und Makalu, alles Achttausender! Ferner wogt ein Meer von hohen Sechstausendern und Siebentausendern. Abstieg auf dem gleichen Weg in 1.30 Std. Je nach Verhältnissen oder Form benötigt man mehr oder weniger Zeit. Gar nicht schlecht wäre auch noch der Abstieg am gleichen Tag bis nach Na (sehr akklimationsfördernd!).

10. Tag: Gokyo, 4750 m – Na, 4420 m (2.30 Std.)
Nochmals ein kurzer Tag, der evtl. schon am Vortag (nach der Besteigung des Gokyo Peak) bewältigt werden kann. Man ist aber praktisch gezwungen, in Na zu nächtigen, da zwischen Na und Phortse keine Einrichtungen bestehen und die Etappe Gokyo – Phortse zu lang wäre. Hinunter zum Longponga Tsho und nach links (Osten) auf die Moräne des mächtigen Ngozumpa Gletschers, 4770 m, 0.30 Std. Man überquert den schuttbedeckten Gletscher (Wegspuren, Steinmännchen) in 1 Stunde nach Dragnag, 4690 m. Hier Abzweigung zum Cho La. Nun auf beschaulichem Pfad in 0.30 Std. zur Alp Charchung, 4620 m. Leichter Abstieg nach Na, 4420 m, 0.30 Std. Für jene, die mit Zelten und Sherpa unterwegs sind: ein schönes Camp befindet sich in Gyalakpa, 4360 m, auf dem Weg nach Phortse auf der linken (östlichen) Berghang, ca. 1 Std. von Charchung.

11. Tag: Na, 4420 m – Phortse, 3840 m (4 Std.)
Wir überqueren den kleinen Bach unterhalb von Na und wandern auf einem schönen Höhenweg, gegenüber der vom Hinweg bekannten Alpweiden von Machhermo, Luza und Lhabarma in 1 Stunde bis Gyalakpa, 4360 m. Nun Aufstieg bis Thare, 4380 m, 0.30 Std. Hier befindet sich ein kleines Teehaus und ein Zeltplatz. In weiteren 1.15 Std. dem Hangweg entlang zum

Lunch in Konar, 4050 m. Sehr schöne Talnische. Nun Abstieg (auf dem oberen Weg bleiben) in 0.30 Stunde bis Phortse, 3840 m. Großes Sherpa-Dorf auf einer mächtigen Terrasse.

12. Tag: Phortse, 3840 m – Pheriche, 4243 m (4.30 Std.)

Wir verlassen das Dorf auf dem Hangweg, der vom oberen Dorfteil zu einem Übergang hinaufführt. Nun auf einem absolut fantastischen Höhenweg, mit Sicht u.a. auf Amai Dablang, Nuptse, Everest und Lhotse in 2 Stunden bis zum oberen (alten) Dorfteil von Pangpoche, 3985 m (Lunch, altes Kloster). Wir wenden uns in NE-Richtung, wandern durch Wacholderwald und gelangen bald auf den Hauptweg, der von Tengpoche und den unteren Dorfteil her kommt. Auf diesem über Shomare in 1.15 Stunden nach Orsho, 4100 m. Man steigt nach 0.15 Stunde bei Wegverzweigung nach links über einen kleinen Pass und von diesem hinunter nach Pheriche, 4243 m, 1 Std. Krankenhaus der HRA.

Gebetssteine und Amai Dablang, die »Mutter mit dem silbernen Amulettkästchen«

13. Tag: Pheriche, 4243 m – Lobuche, 4930 m (3 Std.)

Wer direkt von Namche Bazar über Tengpoche hier hinauf gestiegen ist, sollte unbedingt einen Akklimatisationsruhetag einlegen. Man wendet sich auf der flachen Weide nach Phalung Kharpo, 4343 m, 0.30 Std. Nun nach rechts (Norden) hinauf in 1 Stunde bis Duglha, 4620 m (Lunch). Eine lange Pause lohnt hier: Aussicht, Akklimatisation. Nun steil hinauf ins Moränental links (westlich) des Khumbu-Gletschers. Bald erreicht man einen kleinen Pass mit vielen Gedenksteinen und Chörten, ca. 4840 m, 1 Std. Nun flach, dann nur leicht ansteigend in 0.30 Stunde nach Lobuche, 4930 m.

14. Tag: Lobuche, 4930 m – Kala Pattar – Duglha, 4620 m (6.15 Std.)

Wir brechen früh auf. Immer links (westlich) des Gletschers bleibend auf gutem Weg bis zur Moränenhalde des Changri-Gletschers, die überquert wird. Danach kurzer Abstieg nach Gorak Shep, 5190 m, 2 Std. Nun steigen wir links (nach Norden) auf Wegspuren langsam über Gras- und Mooshalden hinauf, ganz am Schluss geht es durch Felsblöcke bis zum Gipfel des Kala Pattar, 5545 m, 1 Std. Sehr schöne Rundsicht auf Pumori, Lingtren, Changtse (in Tibet), Everest, Nuptse und den Khumbu-Gletscher. Abstieg über den Gipfel nach Norden zu einem kleinen Pass. Dort wendet man sich nach rechts auf breitem Weg hinunter, der in einer Kurve um den Gipfel nach unten führt. So erreichen wir in 0.45 Stunde Gorak Shep, 5190 m. Nun auf dem bekannten Pfad in 1.30 Stunde nach Lobuche, 4930 m. In einer weiteren Stunde erreichen wir Duglha, 4620 m. Ein langer Tag, aber der Abstieg nach Duglha lohnt sich auf jeden Fall. Hier übernachten wesentlich weniger Touristen und es liegt vor allem 300 Meter tiefer als Lobuche!

15. Tag: Duglha, 4620 m – Chhukhung, 4730 m (3.15 Std.)

Wir gehen links (nach Südosten) über die große Moränenterrasse oberhalb von Pheriche in 1.30 Stunde nach Dingpoche, 4420 m (Lunch). Von hier in 1.45 Stunde nach Chhukhung, 4730 m. Besteigung des Chhukhung Ri, 5546 m, ist möglich. Großartige Gletscherlandschaften! Ausgangspunkt für die Besteigung des Imja Tse Himal (Island Peak).

16. Tag: Chhukhung, 4730 m – Tengpoche, 3867 m (4.30 Std.)
Auf dem gleichen Weg wandern wir zurück nach Dingpoche, 4420 m, 1.15 Std. Wir durchqueren dieses lang gezogene Dorf und steigen hinunter zum Zusammenfluss von Khumbu Drangka und Imja Drangka. Über die Brücke und nach Orsho, 4100 m, 1 Std. rechts (nördlich) des Bachs hinunter, vorbei an vielen Manimauern bis Pangpoche, 3920 m (unterer Dorfteil), 1 Std. Abstieg zur »Yak-Brücke«, die eine Felskerbe des Imja Drangka überspannt und den vielen Yak-Karawanen immer etwas Probleme bereitet. Nun durch Wald über Deboche Gonda (Nonnenkloster) hinauf zum Kloster Tengpoche, 3867 m, 1.15 Std.

17. Tag: Tengpoche, 3867 m – Monjo, 2845 m (5.15 Std.)
Abstieg durch Mischwald mit vielen Rhododendren in 0.45 Stunde nach Phunki Drangka, 3250 m (tiefster Punkt im oberen Khumbu, wichtig zu wissen bei Problemen mit der Höhenkrankheit!). Über die Brücke und durch den Wald hinauf über Trashinga nach Sanasa/ Kyengjima, 3610 m, 1 Std. Von hier auf dem Höhenweg in 1.15 Stunden nach Namche Bazar, 3440 m. Abstieg vom Marktplatz am linken Dorfende durch Föhrenwald in 0.30 Stunde nach Jomtable, 3220 m. Jetzt steiler hinunter zur Brücke und über den Imja Drangka, 2860 m, 0.15 Std. Durch Geröll in einer Stunde nach Jorsale, 2790 m. Dort über die Brücke, vorbei am Checkpost des Nationalparks und nach Monjo, 2845 m, 0.30 Std.

18. Tag: Monjo, 2845 m – Luglha, 2834 m (4.30 Std.)
Auf dem bekannten Pfad zunächst in 1.30 Stunden nach Phakdingma, 2600 m. Nun auf die linke (östliche) Seite des Dudh Kosi. Hinauf nach Cheplung, 2680 m, 2 Std. Von hier nach links oben und in einer Stunde nach Luglha, 2834 m (Airport)

MÖGLICHE FORTSETZUNG

Flug nach Kathmandu (Achtung: Bei schlechtem Wetter wird nicht geflogen.)

Everest-Trek	Alles auf einen Blick
Land	Nepal
Wo	Östlicher Himalaja, Khumbu Himal
Wann	März bis Mai, Oktober bis November
Start	Luglha, 2834 m
Ende	Luglha, 2834 m
Dauer	18 Tage
Höchster Punkt	Kala Pattar, 5545 m
Tiefster Punkt	Ghat, 2600 m
Wie	Individuell, von Hütte zu Hütte, Karawanen-Trek
Besonderes	Sagarmatha-Nationalpark ab Jorsale (Eintrittsgebühr)
Charakteristik	Gutes Wegenetz
Gefahren	Durchwegs große Höhenlage

Die Rundtour Monte Rosa (Schweiz – Italien / Alpen)

Rundwanderungen in den Alpen haben stark an Beliebtheit gewonnen. Verschiedenen Initiativen von Alpenvereinen und lokalen Institutionen, von Hüttenwirten und den Betreibern der Wanderwegnetze verdanken wir heute attraktive Rundwanderungen um einige berühmte Alpenmassive. Die Tour rund um den Monte Rosa führt uns über die schönsten Höhenwege des südlichen Wallis und in die von Walsern geprägten Täler auf der italienischen Seite.

GEOGRAFIE UND TOPOGRAFIE

Der Kulminationspunkt des Monte-Rosa-Massivs, die Dufourspitze, ist 4633,9 m hoch und damit der höchste Punkt der Schweiz. Der Monte Rosa umfasst aber eine ganze Reihe von Gipfeln, die im Verzeichnis der Viertausender Eingang gefunden haben. Das ganze Massiv ist vor allem bekannt für seine mächtigen Gletscher, die es einhüllen und ihm ein arktisches Gepräge geben. Es liegt im Grenzgebiet des schweizerischen Wallis und des italienischen Aostatals in den Westalpen. Bei der Monte-Rosa-Tour handelt sich um anspruchsvolles Rundtrekking, für das mindestens sieben Tage (ohne Ruhetage) eingeplant werden müssen. Sie beginnt mit zwei langen Höhenwegen, überquert den Gletscherpass Theodul und steigt in die Walsertäler von Ayas und Lis. Später streifen wir auch die obersten Dörfer des Valle della Sesia und des Valle Anzasca, wobei es große Höhendifferenzen zu überwinden gilt, um schließlich über den Monte Moro wieder ins Saastal zurückzukehren.

AUSGANGSPUNKTE

Natürlich kann man die Wanderung rund um den Monte Rosa an irgendeinem der Etappenorte beginnen. Hier haben wir als Ausgang- und Endpunkt Saas Fee gewählt. Saas Fee ist vom Rhonetal (Brig, Visp) aus bequem mit Postbussen oder mit dem PKW erreichbar.

KLIMAZONE

Auf der Schweizer Seite befinden wir uns in den niederschlagsarmen inneren Alpen, südlich davon, in den italienischen Tälern, trekken wir auf der Alpensüdseite, die durch ihr beinahe schon mediterranes Klima bekannt ist.

BEVÖLKERUNG

Die Deutschwalliser herrschen auf der Schweizer Seite vor, im Süden hingegen treffen wir auf französischsprachige Aostataler und auf einige Walserdörfer, wo noch Deutsch gesprochen wird. Generell sind die Täler südlich des Monte Rosa stark italianisiert worden, was sich auch in den Flurnamen niederschlägt.

Das Matterhorn, der »kleine« Nachbar des Monte Rosa

Auf dem Europaweg. Unter uns liegen Gasenried und Grächen.

WISSENSWERTES

Auf diesem Rundtrek werden zwei Pässe überschritten, die schon seit Urzeiten benutzt werden. Am Theodulpass sind Spuren prähistorischer »Trekker« gefunden worden, die den Pass bereits vor 9500 Jahren überschritten haben. Der Monte Moro verdankt seinen Namen den Sarazenen, die vor rund 1000 Jahren hier hausten und im Saastal einige arabische Flurnamen hinterlassen haben.

VORAUSSETZUNGEN

Die Rundtour um den Monte Rosa offeriert sehr schöne Wanderwege, aber auch einen vergletscherten Pass. Dieser ist zwar technisch einfach, jedoch gilt es, die üblichen Vorsichtsmaßregeln auf Gletschern anzuwenden. Anseilen ist hier ein Muss.

KURZCHARAKTERISTIK

Dieser Trek beginnt in Saas Fee und führt auf einem Höhenweg zunächst nach Grächen. Von dort nehmen wir den Europaweg, einen neu angelegten, sehr wilden Höhenweg nach Zermatt. Nach Überschreitung des Theodulpasses gelangen wir in die Täler von Ayas und Lis. Über weitere Pässe kommen wir an Alagna-Valsesia und Macugnaga vorbei, um schließlich über den Monte Moro wieder ins Saastal zurückzuwandern. Unterwegs können verschiedene Seilbahnen eine »Steighilfe« darstellen. Generell lohnt sich ein früher Aufbruch, um während der heißen Nachmittagsstunden in den Hütten ausruhen zu können.

TOURISTISCHE INFRASTRUKTUR

Auf der ganzen Route sind sehr viele und teilweise sehr schön eingerichtete Gasthäuser, Hotels und Berghütten zu finden, in denen man übernachten und sich verpflegen kann. Der Trek ist für Individualtouristen sehr geeignet. Von Saas Fee, Grächen, Zermatt, St-Jean, Gressoney, Alagna und Macugnaga verkehren mehrere tägliche Bus- oder Bahnverbindungen in die lokalen Zentren.

BESTE JAHRESZEIT

Die Tour ist in der Regel ab Mitte Juli bis Ende September zu begehen. Vorher kann der Schnee ein Hindernis sein, danach sind meisten die Berghütten schon geschlossen.

DAUER

Für die ganze Rundtour sind etwa neun Tage zu veranschlagen. Bei Benutzung der Bahnen kann die Dauer auf sieben bis acht Tage reduziert werden.

Gute touristische Infrastrukturen: Hier die Mischabelhütte bei Saas Fee.

ROUTENBESCHREIBUNG

1. Tag: Saas Fee, 1792 m – Grächen, 1619 m (7 Std.)
Achtung: keine Verpflegungsmöglichkeit unterwegs, genügend Getränke mitnehmen! Auf einem romantischen Höhenweg gelangen wir auf der linken (westlichen) Talseite des Saastals durch herrlichen Mischwald in etwa drei Stunden bis zum Schweibbach. Der Pfad ist sehr gut markiert und führt gut gesichert an steilen Flanken zur Hannigalp, 2121 m, 2.45 Std. Mit der Seilbahn oder zu Fuß im Wald nach Grächen, 1619 m, 1.15 Std.

Ein großer Teil der Route um den Monte Rosa wird von sehr schönen gemischten Lärchenwäldern gesäumt.

2. Tag: Grächen, 1619 m – Europahütte, 2220 m (6 Std.)
Von Grächen geht es flach den Suonen (Wasserleitungen) entlang nach Gasenried, von dort folgt der Europaweg mit einem steilen Aufstieg bis Grat, 2400 m, 3.45 Std. Nun durch eine von Felstrümmern beherrschte Landschaft hinauf zum Galenberg, 2585 m. Von hier leicht hinunter und flach zur Europahütte, 2220 m, 2.15 Std.

3. Tag: Europahütte, 2220 m – Zermatt, 1616 m (6 Std.)
Hoch über dem Mattertal bewundern wir das Weisshorn und später das Matterhorn. Wir gelangen in eine Felsschlucht, Kintole genannt, danach queren wir eine Geröllhalde, die mit drei Tunnels gangbar gemacht wurde. So kommen wir nach Ottavan, 2214, 2.30 Std. Gemütlich auf einem schönen Höhenweg bis Tufteren, 2215 m. Nun folgt der Abstieg durch Lärchenwald nach Zermatt, 1616 m, 3.30 Std. Man kann auch von Tufteren weiter dem Höhenweg folgen bis Sunnegga und von dort mit der Bahn ins Dorf hinunter fahren.

4. Tag: Zermatt, 1616 m – Rifugio del Teodulo CAI, 3317 m (6 Std.)
Wir verlassen das Dorf in Richtung Süden. Bis Station Trockener Steg kann auch die Bahn benutzt werden. Sonst auf einem der vielen gepflegten Wanderwege über Furi und Furgg in 4.30 Stunden dorthin. Nun auf dem leicht geneigten Gletscher zum Theodulpass, 3301 m, 1.30 Std. Gleich dahinter steht das Rifugio del Teodulo CAI, 3317 m.

5. Tag: Rifugio del Teodulo, 3317 m – St-Jacques, 1689 m (4 Std.)
Auf dem Gletscher und später auf Geröllfeldern unterhalb der Testa Grigia zur Gran Sometta, nun Abstieg über die Alpen Mase und Varda nach St-Jacques, 1689 m, im Valle d'Ayas, 4 Std.

6. Tag: St-Jacques, 1689 m – Gressoney-la-Trinité, 1624 m (7 Std.)
Wir überschreiten heute einen respektablen Pass, die Bettaforca, 2672 m, 3 Std. Auf der Passhöhe befindet sich eine Unterkunftsmöglichkeit, sonst unten im von Walsern besiedelten

Listal, in Gressoney-la-Trinité, 1624 m, das zu Fuß (2 Std.) oder mit einer Bahn erreicht werden kann.

7. Tag: Gressoney-la-Trinité, 1624 m – Alagna-Valsesia, 1190 m (7 Std.)
Von Gressoney steigen wir steil hinauf über Weideland nach Gabiet, 2350 m, und von dort zum Colle d'Olen (Walserdeutsch: Aaling-Furgga), 2881 m, 4 Std. Abstieg gleichmäßig steil in gut 3 Stunden bis Alagna-Valsesia, 1190 m. Der Abstieg kann auch teilweise mit einer Seilbahn abgekürzt werden.

8. Tag: Alagna-Valsesia, 1190 m – Macugnaga, 1307 m (9 Std.)
Zwar ist auf dieser Etappe lediglich ein einziger Pass zu bezwingen, aber Alagna liegt tief und der Pass liegt hoch! Auf einem ausgezeichneten Weg gelangt man in 6 Stunden zum Colle del Turlo (Tiirlipass), 2738 m. Abstieg ins Valle Quarazza und schließlich zur Walsersiedlung Macugnaga (Z'Magguna), 1307 m, 3 Std.

9. Tag: Macugnaga, 1307 m – Saas Fee, 1792 m (3 – 9 Std.)
Die unterschiedliche Zeitangabe rührt daher, dass man von Macugnaga bis Monte Moro die Seilbahn und ab Mattmark das Postauto benutzen kann. Zu Fuß steil hinauf von Macugnaga über verschiedene Alpweiden zum Monte Moro, 2853 m, 5 Std., Schutzhütte des CAI. Nun auf Platten und schönem Weg zum Stausee Mattmark und an dessen rechtem (E) Ufer zur Staumauer. Abstieg ins Tal und auf Talweg bis Saas Almagell, von dort auf Waldweg gemütlich hinauf nach Saas Fee, 1792 m, 4 Std.

MÖGLICHE FORTSETZUNG

Einige Tage Urlaub
Postauto nach Visp oder Brig

Tour Monte Rosa	Alles auf einen Blick
Land	Schweiz – Italien
Wo	Westalpen, Wallis-Aostatal
Wann	Mitte Juli bis Ende September
Start	Saas Fee, 1792 m
Ende	Saas Fee, 1792 m
Dauer	9 Tage
Höchster Punkt	Rif. del Teodulo CAI, 3317 m
Tiefster Punkt	Alagna-Valsesia, 1190 m
Wie	Von Hütte zu Hütte
Besonderes	Walserdörfer in Ayas und Lis
Gefahren	Gletscherpassage auf dem Theodulpass

Der Kilimanjaro (Tanzania/Afrika)

Der Kilimanjaro ist mit 5895 Meter Meereshöhe die höchste Erhebung Afrikas. Technisch ist seine Normalroute nicht schwierig, weshalb die Besteigung dieses erloschenen Vulkans in Ostafrika durchaus als Trekking gelten darf.

GEOGRAFIE UND TOPOGRAFIE

Der Kilimanjaro ist ein Vulkan. Seine Existenz verdankt er der langsamen Abspaltung der ostafrikanischen Platte vom afrikanischen Kontinent. Der Graben des Rift Valley zieht sich als sichtbarer Beweis dieser tektonischen Bewegung durch Tanzania und Kenia. Entlang diesem Graben bildeten sich verschiedene Vulkane. Nebst unserem Ziel ist dabei besonders der Ngorongoro-Krater bekannt, eine eindrückliche Caldera eines explodierten Vulkans.

AUSGANGSPUNKTE

Der Ausgangspunkt für die klassische Route ist die Ortschaft Mandara. Sie kann per Bus und Auto von Arusha und Moshi erreicht werden.

KLIMAZONE

Der Kilimanjaro liegt unmittelbar südlich des Äquators auf dem ostafrikanischen Plateau, einem etwa 1500 Meter hoch gelegenen Hochland, welches gemäßigt subtropisches Klima aufweist. Heiße Tage werden von eher angenehm kühlen Nächten abgelöst.

BEVÖLKERUNG

Auf diesem Hochplateau sind verschiedene ostafrikanische Ethnien zu finden. Berühmt sind die groß gewachsenen Massai, die mit ihren Rinderherden auf den Savannen nomadisieren.

WISSENSWERTES

Der Kilimanjaro befindet sich selbst in einem Nationalpark und ist auch umgeben von größeren Naturreservaten in Tanzania und Kenia. Ein Besuch in einem oder mehreren dieser Parks (Amboseli, Tsawo, Arusha, Manyara, Serengeti, Massai Mara etc.) vor oder nach dem Trek zum Gipfel ist unbedingt einzuplanen. Am Kilimanjaro selbst sind durch das kontinuierliche Aufsteigen von der Siedlungs- und Plantagenzone bis zum Gipfel eine Reihe von interessanten Klimastufen zu beobachten.

VORAUSSETZUNGEN

Der Weg zum Uhuru Peak, dem Gipfel des Kilimanjaro, bietet keinerlei nennenswerte technische Schwierigkeiten, zwischen Meyer's Cave und dem Gilmans Point am Kraterrand ist das Gehen im feinkörnigen Lavageröll auf dieser Höhenlage etwas mühsam.

Im Urwald zwischen Mandara- und Horombo-Hütte

Uhuru Peak, 5895 m, der Krater liegt unter uns.

KURZCHARAKTERISTIK

Dieser Trek beginnt in Marangu und führt durch Plantagen bis an den Eingang des Nationalparks. Es folgt eine Urwaldzone bis zur Mandarahütte. Die zweite Hütte, die Horombo, erreicht man wieder durch Wald und Savanne. Schließlich gelangt man auf ein semi-arides Hochplateau und zur Kibohütte. Von hier gelangt man zum Gipfel.

TOURISTISCHE INFRASTRUKTUR

In Marangu und in den genannten Hütten bestehen Unterkunftsmöglichkeiten. Man kann den Trek auch mit Zelten unternehmen. Träger und Kochpersonal können in Marangu zu verpflichtet werden.

BESTE JAHRESZEIT

Januar bis März, August und September.

DAUER

Vernünftigerweise sollte man mindestens sechs Tage für den Trek zum Kilimanjaro veranschlagen.

ROUTENBESCHREIBUNG

1. Tag: Marangu, 1700 m – Mandara Hut, 2700 m (5 Std.)
Von der gefälligen Siedlung steigt man durch landwirtschaftlich geprägte Gegend und verschiedene Plantagen zum Eingangstor des Nationalparks. Es folgt ein hübscher, schattiger Urwald, in dem man gemächlich aufsteigt bis zur Mandarahütte, 2700 m, die mitten im Wald liegt.

2. Tag: Mandara Hut, 2700 m – Horombo Hut 3770 m (5 Std.)
Zunächst folgt man einem schönen Weg durch Urwald, der sich langsam lichtet. Es folgt eine gefällige Savannenlandschaft mit einzelnen Bäumen und Grasweide. Es gilt, eine längere Hangquerung zu bewältigen, auf welcher der Kibo langsam sichtbar wird.

3. Tag: Horombo Hut, 3770 m (Ruhetag)
Zur besseren Akklimatisation und Vorbereitung auf den Weiterweg lohnt sich hier ein Ruhetag. Ein schöner Auflug auf die von Senecien bestandenen Hänge des Mawenzi tut gut.

4. Tag: Horombo Hut, 3770 m – Kibo Hut, 4750 m (6 Std.)
Auf Grund der Höhe muss man diesen Tag langsam bewältigen und regelmäßig längere Pausen machen. Zunächst steigt man durch eine noch mehrheitlich grüne Graslandschaft langsam hinauf zum Sattel, 4400 m. Nun quert man die lange Steppe zwischen Mawenzi und Kibo. Die Hütte ist von weit sichtbar.

5. Tag: Kibo Hut, 4750 m – Uhuru Peak, 5895 m – Horombo, 3770 m (10 Std.)
In der Regel bricht man gegen 02.00 Uhr auf. Langsam gehen! Auf gutem Weg hinauf zum so genannten Meyer's Cave, dann wird es zum ersten Mal steil. In unangenehm feinem Geröll steigt man den Kraterrand empor zum Gilmans Point, 5640 m, den man in der Regel nach 4.30 Stunden zum Sonnenaufgang erreicht. Nun in 1 Stunde etwas auf und ab links hinüber zum höchsten Punkt des Kilimanjaro, der Uhuru Peak, 5895 m. Der Gletscher auf dem Kraterrand und im Kraterbecken ist in den letzten Jahren beinahe dramatisch geschmolzen. Abstieg auf dem gleichen Weg via Gilmans Point zur Kibohütte, 1.30 Stunde vom Gipfel. Weiter hinunter zur Horombohütte, etwa 3 Std.

6. Tag: Horombo Hut, 3770 m – Marangu, 1700 m (6 Std.)
Auf der Aufstiegsroute gelangt man zurück zur Mandarahütte und bald danach verlässt man den Park wieder, um zu den Hotels und Restaurants von Marangu zu wandern. Der Abstieg ist insgesamt sehr lang und nicht zu unterschätzen.

MÖGLICHE FORTSETZUNG

Fahrt in den Amboseli Nationalpark

Kilimanjaro	Alles auf einen Blick
Land	Tanzania
Wo	Einsamer Vulkankegel im ostafrikanischen Hochland
Wann	Januar bis März, August bis September
Start	Marangu, 1700 m
Ende	Marangu, 1700 m
Dauer	6 Tage
Höchster Punkt	Uhuru Peak, 5895 m
Tiefster Punkt	Marangu, 1700 m
Wie	Individuell, von Hütte zu Hütte, Karawanen-Trek
Besonderes	Kibo-Nationalpark ab Marangu (Eintrittsgebühr)
Charakteristik	Gutes Wegenetz
Gefahren	Beträchtliche Höhenlage ab Horombo

Der Annapurna-Trek (Nepal/Himalaja)

Annapurna, die Göttin des Überflusses, ist der Name des ersten Achttausenders, der von Menschen bestiegen wurde. Das Gebiet rund um das Annapurna-Massiv ist sehr reich an herrlichen Bergen, klimatischen Stufen und ethnischen Gruppen. Es wird eingerahmt von zwei langen Tälern, dem Kali Gandaki im Westen und dem Marsyangdi im Osten. Diese beiden Täler sind durch den Thorong La, einen 5416 m hohen Pass, miteinander verbunden.

GEOGRAFIE UND TOPOGRAFIE

Der Annapurna Himal befindet komplett innerhalb Nepals und liegt nördlich von Pokhara. Er besteht aus einer mächtigen, von West nach Ost verlaufenden Eisbarriere mit unzähligen Gipfeln und Nebengipfeln. Aus diesem Hauptkamm heraus laufen verschiedene Nebenkämme nach Westen und Süden. Der Hauptgipfel heißt Annapurna I (8091 m). Das Wort stammt aus dem Sanskrit und bedeutet »Göttin des Überflusses«. Damit ist eine liebliche Erscheinungsform von Parvati, der Partnerin von Shiva, gemeint. Der Gipfel der Annapurna I wurde 1950 durch eine französische Expedition als erster Achttausender überhaupt bestiegen, was aber nicht gleichzeitig einen Höhenrekord bedeutete, denn die Engländer erreichten bereits 1924 am Everest eine Höhe von 8600 m. Neben der Annapurna und ihren Nebengipfeln finden wir hier noch viele Berge mit klingenden Namen: Machhapuchhare, Annapurna Dakshin, Lamjung, Nilgiri, Baraha Shika, Gangapurna, Tilicho und Hiunchuli.

Dhaulagiri und Annapurna vom Jalja La

AUSGANGSPUNKT

Die Touren in diesem faszinierenden, aber auch stark frequentierten Gebiet beginnen in Bensisahar, Pokhara, Beni und Jomosom. Alle sind mit Bussen und Flugzeug (Pokhara, Jomosom) gut erreichbar.

KLIMAZONE

In kein Trekking-Gebiet Nepals kamen mehr Touristen als in den Annapurna Himal. Ein Grund für diese Beliebtheit ist der enorme Reichtum an verschiedenen Klimastufen, die man auf einer Tour rund um den Gebirgsstock durchquert. Von subtropisch-feuchten Gebieten, über die arktisch geprägte Eiszone bis zu den ariden Bergsteppen des inneren Himalaja finden wir hier alles. Die südliche, dem Monsun ausgesetzte Abdachung gehört zu den niederschlagsreichsten Gefilden des Landes, während die Nordseite im Monsunschatten liegt. Durch die politischen Unruhen ist seit dem Jahr 2001 ein starker Rückgang der Besucherzahlen festzustellen.

BEVÖLKERUNG

Eine weitere Faszination des Annapurna Himal besteht in seinem Reichtum an verschiedenen Bevölkerungsgruppen, welche ihn besiedelt haben. In Pokhara finden wir hauptsächlich

Die Eisbarriere: Annapurna Dakshin, Hiunchuli, Machhapuchhare

Newar, in den vorgelagerten Hügeln Chhetri und Bahun, im Marsyangdi-Tal Gurung und Bhotia (Manangbhot), am Ghorepani-Pass Magar, im Kali Gandaki Thakali und bei Muktinath wieder Bhotia (Baragaunle und Panchgaunle).

WISSENSWERTES

Kaum ein Gebiet in Nepal verfügt über einen solchen Reichtum an Gegensätzen wie der Annapurna Himal. Annapurna meint es wirklich gut mit uns! Von den stark subtropisch geprägten Niederungen des nur 900 m hoch gelegenen Pokhara-Tals sind es gerade 30 km Luftlinie bis zum 6997 m hohen Gipfel des Machhapuchhare. Das gesamte Gebiet des Annapurna Himal gehört zum Annapurna Conservation Area Project (ACAP). Dieses Projekt versucht, die einmaligen Naturschönheiten zu bewahren, was auf Grund der relativ dichten Besiedlung nicht einfach zu realisieren ist. Jeder Tourist bezahlt für dieses Naturschutzgebiet NR 1000.- Eintritt, ein in Nepal relativ hoher Betrag. Trotzdem sieht man auch über Jahre hinweg keine sehr positiven Resultate. Dafür wird der Süden des ACAP immer mehr und immer schneller mit Straßen erschlossen.

Speziell zu empfehlen ist die großartige Bergkulisse nördlich von Pokhara, die Kali-Gandaki-Schlucht mit ihrer regen Karawanentätigkeit und die stark tibetisch-buddhistisch gefärbten Bergsteppen um Muktinath und Manang. Der Thorong La (5416 m) wird jedes Jahr von sehr vielen Trekkern überschritten, und das Annapurna Deuthal (Heiligtum) vermittelt den Eindruck eines hochalpinen Amphitheaters. Trotz der politischen Schwierigkeiten in

Nepal konnte das ganze Gebiet immer weitgehend ohne Gefahren besucht werden. Die Maoisten pflegen einen friedlichen Umgang mit Fremden, bitten da und dort aber um »Spenden« oder »Schutzgelder«.

VORAUSSETZUNGEN

Die Rundtour stellt höhere Anforderungen an Leistungsvermögen, Höhenanpassung, Kondition und Ausdauer. Zudem ist die Tour lang und führt in größere Höhen, was eine angemessene Akklimatisation unbedingt notwendig macht.

Der Annapurna Himal wird im Osten durch den ausladenden Lamjung Himal begrenzt. Links davon der Machhapuchhare.

KURZCHARAKTERISTIK

Es handelt sich um eine klassische Route durch alle Kulturstufen Nepals. Dies ist weltweit vielleicht sogar *der* Klassiker unter den Trekking-Touren! Sie führt zunächst durch das Marsyangdi-Tal, das bei Tal einen moderaten, nach Chame einen markanten Klimawechsel offeriert. In Manang befinden wir uns im Monsunschatten, und die Gegend gleicht eher einer Steppe. Es folgt die Hürde des Thorong La, 5416 m (tib. la = Pass). Dieser Pass ist zwar technisch nicht sehr schwierig, seine Höhe ist jedoch beträchtlich. Die Überschreitung sollte nur bei genügender Akklimatisation gewagt werden. Nach Schneefällen herrscht dort Lawinengefahr. In Muktinath treffen wir auf einen alten, sehr bedeutenden Pilgerort. Grund dafür ist der gemeinsame Austritt von Wasser und brennendem Erdgas aus einem Erdloch. Diese Sehenswürdigkeit befindet sich innerhalb des buddhistischen Klosters dieses Orts. Nach dem Abstieg gelangt man in das aride Kali Gandaki (Thak Khola) mit seinen strengen thermischen Winden. Nach Kalopani treten wir wiederum sehr abrupt in den subtropischen Bereich ein, bevor ganz am Schluss noch die Hürde des Ghorapanipasses überwunden sein will. Für Abwechslung ist gesorgt! Praktisch täglich begegnet man anderen ethnischen Gruppen und durchwandert eine andere Vegetationszone.

TOURISTISCHE INFRASTRUKTUR

Auf der ganzen Route sind zahlreiche Gasthäuser, organisierte Zeltplätze und Teehäuser zu finden.

BESTE JAHRESZEIT

Die Annapurna-Rundtour wird am besten in den Monaten Oktober, November, März, April und Mai durchgeführt. Im Mai wird die Fernsicht manchmal durch Dunst etwas eingeschränkt, und in den Talniederungen kann es recht heiß werden. Dafür sind die Temperaturen in den meist klaren Hochtälern viel angenehmer. Von Anfang Oktober bis Mitte November muss mit vielen anderen Touristen gerechnet werden, weshalb es an neuralgischen Punkten in den Lodges bisweilen etwas »eng« werden kann (Manang, Thorong Phedi, Muktinath).

DAUER

Die ganze Rundtour nimmt gut 18 Tage in Anspruch, dazu kommt der Zeitaufwand für die Fahrt von Kathmandu oder Pokhara zum Ausgangspunkt Bensisahar und die Rückfahrt von Endpunkt Naya Phul (je ein ganzer Tag).

ROUTENBESCHREIBUNG

1. Tag: Bensisahar, 750 m – Khudi, 840 m (2 Std.)
Wir durchqueren die lange Straßensiedlung Bensisahar (Lamjung), 750 m (Distriktshauptort Lamjung), und gelangen am Ende in ein kleines Seitental, Pong Khola, 720 m. Nach dem Bach an steilem Hang zu einem Höhenweg, der uns durch subtropische Vegetation allmählich wieder zur Piste am Talgrund zurückführt. Dort links (westlich) des Marsyangdi bis nach Khudi, 840 m, 2 Std.

2. Tag: Khudi, 840 m – Shyange, 1150 m (5.30 Std.)
Auf dem Karawanenweg in weitem Bogen in 0.45 Stunde zu einer Hängebrücke, über die wir nach Bhulbhule, 853 m (Checkpost ACAP), gelangen. Im Morgenschatten dem Marsyangdi entlang, teils durch Reisfelder, in 1.15 Stunden bis Ngadi, 900 m. Noch rechts des Flusses bis zur Brücke über den Ngadi Khola. Nach deren Überquerung auf gefälligem Weg in 1.45 Stunden nach Bahundanda, 1310 m (Lunch, Checkpost). Kurzer Abstieg auf einen Hangweg, der in knapp 1 Stunde nach Liledanda, 1140 m, führt. Auf breitem Weg durch die Felswand und durch Reisfelder in 0.45 Stunde über die Hängebrücke nach Shyange, 1150 m, das auf dem linken (westlichen) Ufer liegt.

Keine SAC-Hütte, aber fast. Eine schöne Unterkunft in Bahundanda.

3. Tag: Shyange, 1150 m – Tal, 1710 m (4.30 Std.)
Auf breitem Weg in 1.30 Stunden nach Jagat, 1300 m. Auf Hangweg geht es in 0.30 Stunde nach Ghatte Khola, 1290 m. Meist durch Wald in 0.30 Stunde nach Chyamche, 1380 m. Hinunter zur Brücke und auf der rechten (östlichen) Seite des Marsyangdi in 1.15 Stunden durch schroffere Landschaft nach Tal Bensi, 1610 m. Linkerhand verschwindet der ganze Marsyangdi vollständig unter chaotischen Felstrümmern. Kurzer Aufstieg über eine steile Rampe und flach nach Tal, 1710 m, 0.45 Std.

4. Tag: Tal, 1710 m – Bagarchap, 2150 m (3.15 Std.)
Dieser Tag ist eher kurz, diese Einteilung ist jedoch äußerst wichtig für eine reibungslose Akklimatisation in größerer Höhe! Zuerst flach, dann rechts (östlich) des Marsyangdi in

1.30 Stunden bis Karte, 1820 m. Ein etwas längerer Weg führt links (westlich) des Flusses. Über einen Felsriegel und hinunter nach Dharapani, 1880 m (Checkpost), 0.30 Std. Weiter auf gefälligem Weg bis zur Hängebrücke, die nach Thonje hinüber führt, 1920 m (Lunch), 0.15 Std. Wir bleiben aber auf der linken Seite des Flusses und wandern gemütlich in einer Stunde nach Bagarchap, 2150 m.

5. Tag: Bagarchap, 2150 m – Chame, 2651 m (4.30 Std.)

Nun folgt ein weiterer Schluchtabschnitt. Auf einem interessanten Weg steigen wir hinauf über Thangja (Thanchok) nach Koto, 2500 m, am Eingang des Nar Chhu (Nar Khola), 3 Std. Wir bleiben links (südlich) des Marsyangdi und gelangen durch Mischwald in 1.30 Stunden nach Chame, 2651 m, Hauptort des Distrikts Manang, heiße Quellen am Fluss. Wir sind nun bereits in einem bedeutend trockeneren Klimabereich angelangt.

6. Tag: Chame, 2651 m – Pisang, 3353 m (4.30 Std.)

Heute überschreiten wir die erste »magische Grenze«, die 3000-m-Höhenlinie. Zunächst geht es am rechten Ufer in 1.30 Stunden auf einem spektakulären Weg entlang einem Steilhang, dann einer Felswand hinauf nach Bratang, 2950 m. Dort überqueren wir den Fluss und steigen im Wald steil hinauf über Hunbato in flachere Gefilde. Durch einen arg dezimierten Bergwald gelangen wir schließlich nach Pisang, 3353 m, 3 Std., ein großes Dorf mit Flachdachhäusern, ein Dorfteil befindet sich am Hang oben.

7. Tag: Pisang, 3353 m – Manang, 3505 m (3.30 Std.)

Jetzt sind wir definitiv im Monsunschatten der Annapurna-Kette: Die Umgebung wirkt arid und steppenhaft. Die Annapurna II, 7937 m, der höchste Siebentausender Nepals, gibt eine kolossale Bergkulisse ab. Wir gehen durch Wald zu einem kleinen Übergang, 3460 m,

Mit einem Achttausender auf Tuchfühlung: Manaslu, 8156 m

und von dort flach bis zum Flugplatz von Ongre (Hongde), 3380 m, 1.30 Std. Hier befindet sich ein Checkpost und ein Spital der HRA (Himalayan Rescue Association), wo die Höhenkrankheit erforscht wird. Kurz darauf wird der Marsyangdi überschritten, auf dem rechten (nördlichen) Ufer gelangen wir in erhebender Landschaft nach Braga, 3450 m, 1.30 Std. Nun vorbei an Manimauern und Chörten in 0.30 Stunde nach Manang, 3505 m, ein stattliches Dorf; herrlicher Ausblick auf die Gletscher am Nordhang des Annapurna-Gebirges.

Der Innere Himalaja: klare Luft, wenig Regen, tibetische Kultur

8. Tag: Manang, 3505 m (Akklimatisation)

In Manang sollte man unbedingt einen Tag ausharren, bevor man sich in die dünne Luft emporwagt. Sehr zu empfehlen sind Ausflüge nach Braga (sehr schöne Dorfanlage, alte Gompa) oder Khangsar.

9. Tag: Manang, 3505 m – Thorong Phedi, 4480 m (4.45 Std.)

Wir verlassen Manang in Richtung Westen. Bald steigen wir nach rechts (Nordwesten) empor in das Tal des Jargeng Chhu (Jargeng Khola), wo wir an Gunsang vorbeikommen. Über Weideland und Steppenvegetation geht es in 3 Stunden zum Sommerdorf Ledar, 4200 m. Weniger steigend durch Weidelandschaft, entlang an Steilhängen (Lawinengefahr nach Schneefall!) zu einer Brücke, die wir überqueren. Auf der linken (westlichen) Seite gelangen wir in 1.45 Stunden nach Thorong Phedi, 4480 m.

10. Tag: Thorong Phedi, 4480 m – Muktinath, 3670 m (6.30 Std.)

Der große Tag dieses Treks! Bitte sehr früh und nur bei gutem Wetter und bei guter Verfassung aufbrechen. Der Weg windet sich zunächst am westlichen Hang empor. Hier sollte man sehr langsam und gleichmäßig gehen und keine unnötigen, rhythmusbrechenden Halte zulassen. Weiter oben wird es weniger steil. Der Weg windet sich in einer großartigen glazialen Landschaft zwischen Geröllflächen und Moränenkämmen hinauf. Plötzlich wird die Passhöhe sichtbar, die durch Steinmännchen und Gebetsfahnen gekennzeichnet ist: Thorong La, 5416 m, 4 Std. Anschließend steigen wir zunächst über verschiedene Stufen ab in flachere Gegenden. Nach 1.30 Stunden stehen wir vor den Lodges von Phedi (Muktinath). Nun steigen wir auf guten Pfaden in gut 1 Stunde hinunter nach Muktinath, 3670 m. Die angegebenen Zeiten können bei Schnee oder schlechten Verhältnissen deutlich überschritten werden.

11. Tag: Muktinath, 3670 m – Kagbeni, 2880 m (2.30 Std.)

Nach dem langen Marsch über den Pass ein »Schontag«: Nach Besuch der Pagode und dem Nyingmapakloster mit der Gasflamme und der Wasserquelle wandern wir gemütlich auf dem alten Pilgerpfad über Jharkot, 3580 m, in 1.15 Stunden nach Khinghar, 3400 m. Nun gehen wir links am Hang entlang, nehmen bald die Abzweigung nach rechts hinunter in den Talgrund und erreichen so in 1.15 Stunden Kagbeni, 2880 m. Sehr originelles Dorf am

Thak Khola. Eilige können übrigens von Muktinath auch in einem Tag nach Jomosom oder Marpha gelangen.

12. Tag: Kagbeni, 2880 m – Marpha, 2667 m (4 Std.)

Um den Gegenwind zu vermeiden, sollte man auch relativ früh aufbrechen. Zunächst am linken (östlichen) Talhang in 0.45 Stunde bis zu den Gasthäusern von Aekle Bhatti, 2840 m. Von dort immer links des Thak Khola in 1.30 Stunden nach Jomosom (tib. Dzongsumba), 2743 m (Checkpost, Airport), Distriktshauptort von Mustang. Nach dem Dorf überquert man den Thak Khola und gelangt zum Flugfeld, 0.15 Std. Nun auf der rechten (westlichen) Talseite in 1.30 Stunden nach Marpha, 2667 m. Außerordentlich schönes, mehrheitlich von Thakali bewohntes, kompaktes Dorf.

Rapsfeld: Nach den vergletscherten Bergriesen tut ein Farbtupfer gut.

13. Tag: Marpha, 2667 m – Kalopani, 2510 m (4 Std.)

Wir folgen nun weiter dem großen und alten Karawanenweg hinunter in die Schlucht des Kali Gandaki. Von Marpha immer am rechten (westlichen) Talhang in gut 1.30 Stunden nach Tukuche, 2587 m; große alte Karawansereien des ehemaligen Salzhandels, heute in der Mehrzahl Lodges. Mitten im Dorf hinunter zur temporären Brücke und links des Thak Khola in 0.45 Stunde nach Sauru, 2540 m. Weiter auf dem Saumpfad im Geröll in 0.45 Stunde zum Teehaus von Kunathanti, 2500 m. Im Wald scharf nach links und hinunter nach Kukhethanti, links des Thak Khola zum Teil im Schuttbett, dann über die Brücke und rechts des Flusses in einer Stunde nach Kalopani, 2510 m.

14. Tag: Kalopani, 2510 m – Dana, 1448 m (4.30 Std.)

Leicht absteigend zum Checkpost von Lete, 2438 m. Durch Waldstreifen und steil hinunter zur Brücke, Lete Khola, 2320 m, 0.45 Std. Kurzer Aufstieg und in Waldresten in 0.45 Stunde nach Koiku, 2150 m. Abstieg zu den Feldern von Ghasa, 2080 m, 0.15 Std. Ghasa besteht aus zwei Teilen. Nach dem unteren Dorf (2012 m) hinunter zu einer Brücke (0.30 Std.), dann am linken Ufer bis Pairotapla, 1900 m, 0.30 Std. Nun über Deorali und hinunter in 0.30 Std. bis Kopche Pani, 1650 m. Abstieg durch Rutschgelände in 0.30 Stunde nach Rupse Chhara, das wieder rechts des Kali Gandaki liegt. Nun gemütlich in knapp 0.45 Stunde nach Dana, 1448 m, Mandarinenbäume!

15. Tag: Dana, 1448 m – Sikha, 2012 m (4.30 Std.)
Gemütlicher Abstieg durch geschändete Landschaft in 1.30 Stunden nach Tatopani, 1189 m. Schwefelquellen. Hinunter zu den zwei Brücken über den Kali Gandaki und danach den Ghar Khola, 0.30 Std. Nun steil hinauf über den Felsriegel von Santosh Top Hill, 1610 m, 0.45 Std., später flach und wieder ansteigend in 1.30 Stunden nach Sikha, 2012 m.

16. Tag: Sikha, 2012 m – Ghorapani Deorali, 2835 m (2.45 Std.)
Durch Erdrutschgebiet zur Siedlung Chitra, dann zunehmend im Wald auf breitem Weg in 2.45 Stunden bis zum Pass im Rhododendrenwald, Ghorapani Deorali, 2835 m. Am Nachmittag lohnt ein Ausflug auf den Poon Hill, 3170 m (hin und zurück 1.45 Std.).

17. Tag: Ghorapani Deorali 2835 m – Birethanti, 1037 m (5.15 Std.)
Vom Pass hinunter durch Wald nach Banthanti und weiter zum großen Magar-Dorf mit den Steindächern, Ulleri, 2037 m, 2.15 Std., dort Lunch. Abstieg über Steintreppen in einer Stunde nach Tirkedhunge, 1439 m. Wir sind nun im Talboden und folgen diesem in subtropischer Umgebung in zwei Stunden bis Birethanti, 1037 m.

18. Tag: Birethanti, 1037 m – Naya Phul, 1030 m (1 Std.)
Hinunter zur Brücke über den Modi Khola, dann rechts und etwas hinauf zur Straßensiedlung von Naya Phul, 1030 m, 1 Std.

MÖGLICHE FORTSETZUNG

Trek über Chandrakot, Lumle, Khare, Naudanda, Sarangkot nach Pokhara
Lokalbus nach Pokhara und von dort mit Bus oder Flugzeug nach Kathmandu zurück

Annapurna-Trek	Alles auf einen Blick
Land	Nepal
Wo	Zentraler Himalaja, Annapurna Himal
Wann	Oktober, November, März bis Mai
Start	Bensisahar, 750 m
Ende	Naya Phul, 1030 m
Dauer	18 Tage
Höchster Punkt	Thorong La, 5416 m
Tiefster Punkt	Bensisahar, 750 m
Wie	Individuell, von Hütte zu Hütte, Karawanen-Trek
Besonderes	Annapurna Conservation Area Project, Eintrittsgebühr
Gefahren	Große Höhenlage am Thorong La Lawinengefahr nach Schneefällen zwischen Manang und Muktinath

Der West Highland Way/Ben Nevis (Schottland)

Schottland liegt an der Peripherie von Europa und wartet auf mit einer herben, sehr einsamen Landschaft und sehr guten Infrastrukturen. Ein Trek in Schottland wird Sie ganz sicher nicht in größere Höhenlagen führen, aber man darf sich andererseits von den »geringen« Höhenangaben nicht blenden lassen, sehr oft beginnt der Tag nämlich auf Meereshöhe oder nur wenig darüber. Auch die kaum aussprechbaren gälischen Flurnamen sollten Sie nicht allzu sehr verunsichern.

GEOGRAFIE UND TOPOGRAFIE

Der West Highland Way durchquert den westlichen Abschnitt des kaledonischen Gebirges, der Grampian Mountains, das durch seine runden Formen bekannt ist. Grund für diese Struktur ist die enorme Vergletscherung, welche Schottland während der vier großen Eiszeiten erdulden musste. Damals sind alle diese Berge buchstäblich abgehobelt worden. Am Schluss der Route steht der höchste Berg Schottlands, der Ben Nevis, 1343 m, den man unbedingt besteigen sollte.

Die Grampian Mountains, abgerundet und einsam

AUSGANGSPUNKT

Erstaunlicherweise bildet die Großstadt Glasgow, »the Second City of the Empire«, den Ausgangspunkt. Glasgow ist mit dem Zug oder Flugzeug von überall her gut und schnell zu erreichen.

KLIMAZONE

Das Gebiet gehört zu den eher kühlen, gemäßigten Zonen Europas. Die Wetterfronten gelangen ungebremst vom Atlantik nach Schottland und in die Highlands. So schnell wie sie kommen, pflegen sie aber auch wieder zu gehen. Das Wetter ist sehr wechselhaft. Es ist nie lange schön, aber auch nie lange schlecht. Der Wind und die Mücken im Sommer können eine gewisse Gewöhnungszeit bedingen.

BEVÖLKERUNG

Die Schotten sind weder geizig, noch ist die schottische Küche schlecht. Die Menschen sind generell außerordentlich gastfreundlich und hilfsbereit.

WISSENSWERTES

Die ganze Route von Glasgow nach Fort William wird begleitet von der West Highland Railway. Zwei Züge pro Tag verkehren von Glasgow nach Fort William und von dort weiter bis Mallaig. Oft sieht man den Zug, den man schließlich am Endpunkt besteigen kann.

Moor- und Torflandschaften prägen die Highlands.

VORAUSSETZUNGEN

Die ganze Route mit der Besteigung des Ben Nevis ist etwa 160 km lang. Die Wege in Schottland sind unterschiedlich. Einerseits kann man fantastische Wegnetze antreffen, aber auch Abschnitte »querfeldein« oder durch sumpfiges Gebiet sind nicht selten.

KURZCHARAKTERISTIK

Dieser schöne Trek beginnt in Glasgow und führt entlang dem Loch Lomond nach Norden. Durch weitgehend einsames, aber von Straßen und der Eisenbahn gut erschlossenes Gebiet wandert man bis nach Fort William. Ganz zum Schluss besteigt man von dort aus die höchste Erhebung Schottlands, den Ben Nevis.

TOURISTISCHE INFRASTRUKTUR

Auf der Route sind Unterkünfte zu finden, in denen man übernachten kann, bei wenigen Etappen muss man jedoch ausweichen auf größere Orte in der Nähe. Der Trek ist für Individualtouristen sehr geeignet.

BESTE JAHRESZEIT

Mai bis September.

DAUER

Je nach Einteilung der Tagesetappen (oft vom Wetter abhängig) müssen zehn bis zwölf Tage für diesen Trek veranschlagt werden.

ROUTENBESCHREIBUNG

1. Tag: Glasgow/Milngavie, 40 m – Drymen, 60 m (6 Std.)
Gleich eine längere Etappe zu Beginn, denn zwischen Glasgow und Drymen ist momentan keine vernünftige Einkehr möglich. Von der Peripherie der Stadt geht es nach Carbeth, 120 m,

Das kaledonische Gebirge, von eiszeitlichen Gletschern abgehobelt.

etwa 2 Std. In einem lieblichen Tal weiter über Dumgoyne, 45 m, zum Etappenziel Drymen, 60 m, 4 Std. von Carbeth.

2. Tag: Drymen, 60 m – Balmaha/Loch Lomond, 40 m (3 Std.)
Wir wandern zum Loch Lomond, einem Süßwasserfjord, der von schönen Bergkuppen eingerahmt wird. Der Zielpunkt befindet sich bei Inchcailloch, ein Naturschutzgebiet, das auch die Inseln im Loch Lomond umfasst. Ein Aufstieg zum Aussichtspunkt auf dem Conic Hill ist zu empfehlen.

3. Tag: Balmaha, 40 m – Rowardennan, 40 m (3.30 Std.)
Entlang dem lieblichen Loch Lomond trekken wir zur stillen Lodge in Rowardennan, 40 m. Hier kann auch ein »Ruhetag« eingelegt werden, an dem man den Ben Lomond, 974 m, besteigen kann.

4. Tag: Rowardennan, 40 m – Inverarnan, 30 m (6 Std.)
Der Loch Lomond wird immer schmaler, aber ein schöner Weg führt an seinem östlichen Ufer gemütlich über Inversnaid nach Inverarnan, 30 m.

5. Tag: Inverarnan, 30 m – Crianlarich, 180 m (3.30 Std.)
Vorbei an den Wasserfällen von Falloch und in der Nähe der Bahnlinie gelangen wir nach Crianlarich, 180 m. Hier bieten sich verschiedene »Munros« an, so heißen in Schottland jene Berge, die über 3000 Fuß hoch sind.

6. Tag: Crianlarich, 180 m – Bridge of Orchy, 170 m (6 Std.)
Nach den schönen, teilweise gemütlichen Tagen trauen wir uns heute eine längere Etappe zu.

Meist am Talboden entlang geht es über Tyndrum zum Etappenziel, einem kleinen Dorf an der Bahnlinie.

7. Tag: Bridge of Orchy, 170 m – Kingshouse, 230 m (6 Std.)
Wir umgehen den Loch Tulla (einige schöne Lodges befinden sich dort) links (westlich) und wandern über den Black Mount durch eine einsame Gegend zum Kingshouse, 230 m.

8. Tag: Kingshouse, 230 m – Kinlochleven, 10 m (5 Std.)
Man folgt dem Tal und bei Altnafeadh zweigt man nach rechts (N) ab, übersteigt einen schönen Aussichtskamm und steigt dem River Leven entlang zum Zielort.

9. Tag: Kinlochleven, 10 m – Blarmachfoldach, 30 m (4 Std.)
Durch eine einsame Landschaft, umgeben von großartigen Bergen überqueren wir einen kleinen Pass und steigen ab zum Etappenort.

10. Tag: Blarmachfoldach, 30 m – Fort William, 10 m (1.30 Std.)
Gemütlich trekken wir nach Fort William und quartieren uns dort in der Nähe des River Nevis ein. Verschiedene Lodges sind ideale Ausgangspunkte für den Ben Nevis.

11. Tag: Fort William, 10 m – Ben Nevis, 1344 m und zurück (6 Std.)
Auf dem von Königin Victoria angelegten Maultierpfad stetig in die Höhe, bei guter Sicht sehr weit reichende Aussicht. Schließlich erreicht man über eine Hochebene den charakteristischen Gipfel, 1344 m. Zurück auf dem gleichen Weg.

MÖGLICHE FORTSETZUNG

Per Bahn nach Glasgow zurück

West Highland Way/Ben Nevis	Alles auf einen Blick
Land	Schottland
Wo	Westliche Grampian Mountains
Wann	Mai bis September
Start	Glasgow/Milngavie, 40 m
Ende	Fort William, 10 m
Dauer	11 Tage
Höchster Punkt	Ben Nevis, 1344 m
Tiefster Punkt	Kinlochleven, 10 m; Fort William, 10 m
Wie	Individuell, von Hütte zu Hütte
Besonderes	Inchcailloch Naturreservat
Gefahren	Wind, Kälte am Ben Nevis nach Schlechtwettereinbruch

Der Auzangate-Trek (Peru/Anden)

Die Anden gehören zu den beliebtesten Trekking-Zielen dieser Welt. Ihre geografische Ausdehnung ist beträchtlich. Besonders beliebt als Reiseziele sind Ekuador mit seinen Vulkanen, Bolivien mit seinen Hochebenen, Chile mit seinen klimatischen Kontrasten, Argentinien mit Patagonien und schließlich Peru. Dort finden wir die schönsten Flecken der Anden, die zudem mit einer bewegenden geschichtlichen Entwicklung verbunden sind.

GEOGRAFIE UND TOPOGRAFIE

Der Auzangate, 6384 m, gehört zu den spektakulärsten und höchsten Gipfeln der peruanischen Anden. Er bildet das Scharnier zwischen der Cordillera de Carabaya und der Cordillera de Vilcanota. Auf diesem Trek wird der Berg umrundet.

AUSGANGSPUNKT

Der beste Ausgangspunkt ist Cuzco, von dort gelangt man auf der Straße nach Ocongate, wo der eigentliche Trek beginnt.

KLIMAZONE

Durch die Nähe des Äquators geprägte gemäßigt subtropische Zone. Die Region ist weniger dem pazifischen Wetter ausgesetzt als der Feuchtigkeit, die vom nahen Amazonasbecken aufsteigt.

BEVÖLKERUNG

Die Region ist bekannt für einen repräsentativen Querschnitt der peruanischen Bevölkerung. In den Dörfern sind vor allem Indios zu treffen. Generell beeindruckt der Gleichmut und die Herzlichkeit der Menschen.

WISSENSWERTES

Peru war leider lange in den Schlagzeilen auf Grund der Rebellenbewegung »Leuchtender Pfad«. Diese Querelen, die beinahe in einen Bürgerkrieg mündeten, konnten beigelegt werden. Peru ist heute wieder problemlos zu bereisen, wenn man die latenten Gefahren der südamerikanischen Großstädte einmal vernachlässigt. Diese Städte sind für Trekker ohnehin nur Transitpunkte, wo man sich nicht allzu lange aufhält.

VORAUSSETZUNGEN

Es handelt sich um einen kürzeren Trek, der eine gute Grundkondition und etwas Widerstandsfähigkeit verlangt.

KURZCHARAKTERISTIK

Auf diesem Trek wird der Berg Auzangate vollständig umrundet. Die Route führt durch sehr einsames und unberührtes Gebiet. Die Höhen sind beträchtlich, eine genügende Akklimatisation ist erforderlich.

TOURISTISCHE INFRASTRUKTUR

Außer in den wenigen Dörfern sind keine touristischen Infrastrukturen zu erwarten. Der Karawanen-Stil drängt sich auf. Als Tragtiere kommen Lamas und Esel in Frage.

Am peruanischen Nationalfeiertag treiben peruanische Cowboys (vaqueros) eine Stierherde zum Hauptplatz des Dorfes Tinqui. Über der Szene thront der Nevado Auzangate (6372 m).

BESTE JAHRESZEIT

Januar bis März, Juni bis September.

DAUER

Für die Umrundung sind etwa sechs Tage ohne Ruhetage unterwegs zu veranschlagen.

ROUTENBESCHREIBUNG

Von Cuzco gelangt man per Auto oder Bus zum Ausgangspunkt Ocongate auf ca. 3850 m Höhe. Hier gesellen sich die einheimischen Tiertreiber und ihre Schützlinge dazu. Meistens werden Lamas und Esel als Tragtiere verwendet. In der Folge umrundet man die herrliche Berggestalt des Auzangate in sechs Tagen. Die Landschaft bietet viele Überraschungen. Es gilt, Thermalquellen zu bestaunen wie auch die Flora und Fauna zu bewundern. Alpakas, Andengänse und Vizcachas bilden dabei jene Spezies, die immer wieder auftauchen. Der Weg führt über Hochplateaus, durch Schluchten und enge Täler. Dabei sind auch einige Pässe zu überwinden und Bäche zu durchwaten. Nebst dem Auzangate selbst bilden einige der 6000er der Cordillera Vilcanota einen enormen Kontrast über dem ariden Hochland, in dem man sich bewegt. Die Führer werden je nach Verfügbarkeit von Weide die Zeltplätze vor Ort bestimmen. Nach einer ereignisreichen Woche gelangt man zurück zum Ausgangspunkt.

MÖGLICHE FORTSETZUNG

Fahrt nach Cuzco

Auzangate-Trek	Alles auf einen Blick
Land	Peru
Wo	Anden, Cordillera de Vilcanota
Wann	Januar bis März, Juni bis September
Start	Ocongate, 3850 m
Ende	Ocongate, 3850 m
Dauer	6 Tage
Höchster Punkt	Verschiedene Pässe um 4500 m
Tiefster Punkt	Ocongate, 3850 m
Wie	Karawanen-Trek
Besonderes	Interessante Flora und Fauna, einsame Gegend
Gefahren	Durchwegs große Höhenlage, eine genügende Akklimatisation ist erforderlich

Der Tsho-Moriri-Trek (Indien/Himalaja)

Ladakh wird auch Klein-Tibet genannt. In der Tat handelt es sich um einen wüstenhaften, hoch gelegenen Landstrich, der von Menschen bewohnt wird, die vor allem die tibetische Kultur pflegen und einen tibetischen Dialekt sprechen. Im Osten von Ladakh befinden sich die Hochebenen von Changthang und Rupshu, wo es auch einige abflusslose Seen gibt. Dieser Trek führt zum größten dieser Seen, der einem Türkis gleich in der großen Bergwüste ruht.

GEOGRAFIE UND TOPOGRAFIE

Ladakh liegt »hinter« der Hauptkette des Himalaja, zwischen den imposanten Bergketten des Stok-Gebirges und der Ladakh-Kette. Das Haupttal von Ladakh wird vom Indus gebildet, der vom Kailas her schon einige Kilometer hinter sich hat, bis er als Wasserspender die weiten Ebenen durchfließt. Das Zielgebiet liegt im Osten von Ladakh, wo sich gewaltige Hochebenen ausdehnen, Changthang und Rupshu. Dort finden wir nur nomadisierende Viehzüchter, die sich die üppigen Weidegebiete um die Seen und Flüsse zunutze machen. Das Hochland ist beinahe flach und nur wenige Hügelrücken durchziehen es. Das Problem besteht vor allem darin, auf diese Hochebenen zu gelangen. Dazu sind überall mehrere hohe Pässe zu überwinden.

AUSGANGSPUNKT

Als geeigneter Ausgangspunkt kommt das berühmte buddhistische Kloster Hemis in Frage, wo jeden Sommer die großartigen Tanzspiele der Mönche durchgeführt werden.

Der Tsho Moriri, ein stahlblaues Binnenmeer auf 4600 Metern Höhe

KLIMAZONE

Ganz Ladakh liegt im Monsunschatten, nur wenig Niederschlag fällt hier. Und wenn es einmal schneit oder regnet, so meist nur für wenige Stunden. Die ganze Region ist dementsprechend sehr trocken und wüstenhaft. Nur in der Nähe von Gewässern ist eine spärliche Landwirtschaft in so genannten Schmelzwasseroasen möglich. Es wird Gerste angebaut, Gemüse und etwas Obst. Vor allem die Aprikosen erfreuen sich einer großen Beliebtheit.

BEVÖLKERUNG

Ladakh ist von einer Bevölkerung tibetischen Ursprungs bewohnt. Es hat moslemische und kaschmirische Minderheiten. Zudem finden wir in Ladakh tibetische Flüchtlinge und Einwanderer aus Sinkiang. Interessant sind auch die hellhäutigen Darden, deren Ursprung nicht geklärt ist. Man nimmt gemeinhin an, dass es sich um Nachkommen der hier gebliebenen Soldaten Alexander des Großen handelt.

WISSENSWERTES

Die tibetische Form des Buddhismus herrscht in Ladakh vor. Wer schöne, unverfälschte buddhistische Kultur und Klöster besuchen möchte, ist hier am richtigen Ort. Gewisse Konvente, wie z.B. Alchi, sind über 1000 Jahre alt. Der Westen von Ladakh ist stark islamisch geprägt. In Leh, der Hauptstadt, halten sich die beiden Religionen etwa die Wage. Ladakh liegt in einem strategisch umkämpften Raum. Die Pakistani halten den Norden des Landes besetzt, die Chinesen den Nordosten. Die Inder, zweimal von fremden Mächten um Gebiete betrogen, haben deshalb größere Armeeeinheiten in verschiedenen Camps entlang dem Indus stationiert.

VORAUSSETZUNGEN

Der Trek zum Tsho Moriri weist keinerlei technische Schwierigkeiten auf. Hingegen findet er in durchwegs sehr großer Höhe statt, was eine gute Kondition und eine optimale Akklimatisation voraussetzt. Es handelt sich um einen anspruchsvollen Trek, der nur im Karawanen-Stil durchgeführt werden kann. Als Tragtiere werden Pferde und Maultiere, eventuell auch Esel zum Einsatz gelangen.

Samad Rokchen, ein gewaltiges Hochland im Osten Ladakhs

KURZCHARAKTERISTIK

Von Leh gelangt man im Jeep oder Bus nach Hemis. Über einen über 5000 Meter hohen Pass kommt man auf die Hochebene von Nyimaling, die man über zwei weitere große Pässe verlässt, um ins Tal von Rumtse zu gelangen. Nun gilt es, drei weitere hohe Pässe zu überwinden, bevor man die Hochebene von Samad Rokchen erreicht. Vorbei am salzhaltigen Tsho Kar geht es über eine Hügelkuppe und schließlich hinunter zum Tsho Moriri, von wo man sich per Bus oder Jeep abholen lassen kann.

Der Trek zum Tsho Moriri lässt sich ohne gute Karawane kaum bewältigen.

TOURISTISCHE INFRASTRUKTUR

Außer in Hemis und Korzok bestehen keinerlei Unterkünfte oder Verpflegungsstätten, man ist komplett auf sich selbst angewiesen.

BESTE JAHRESZEIT

Juli bis September.

DAUER

Nach Ankunft in Leh, 3505 m, sollte man sich mindestens drei Tage lang akklimatisieren und die Akklimatisationsintervalle auf dem Trek (siehe Routenbeschreibung) respektieren. Daraus resultiert eine Dauer des Trekkings allein von mindestens 15 Tagen.

ROUTENBESCHREIBUNG

1. Tag: Hemis, 3800 m – Shang Sumdo, 3950 m (3 Std.)
Gemütlicher Tag zum Einstieg. Nach Besichtigung des Klosters wandern wir zum Haupttal und weiter auf einem Fahrweg bis Shang Sumdo, 3950 m.

2. Tag: Shang Sumdo, 3950 m – Lartsa, 4550 m (4 Std.)
Durch eine enge Schlucht steigen wir hinauf zum nächsten Lagerplatz, Lartsa, 4550 m. Am Nachmittag kann man sich ausruhen oder etwas in die Höhe steigen, um sich zu akklimatisieren.

3. Tag: Lartsa, 4550 m – Nyimaling, 4900 m (4 Std.)
Auf einem guten Karawanenweg überschreiten wir den Gongmaru La, 5130 m, und installieren uns auf der Hochebene von Nyimaling, 4900 m. Ein schöner Sechstausender, der Kang Yatse, steht uns gegenüber.

4. Tag: Nyimaling, 4900 m – Chaktsang, 4850 m (5 Std.)
Wenig steigend gelangen wir zu einem einfachen Doppelpass, Chaktsang La, 5080 m und Poze La, 5050 m. Die Zelte stellen wir in Chaktsang, 4850 m auf.

5. Tag: Chaktsang, 4850 m – Rumtse, 4190 m (5 Std.)
Längerer Abstieg durch enges Tal nach Lhato und in Sichtweite der Straße Manali–Leh nach Rumtse, 4190 m. Damit ist die Akklimatisationsphase abgeschlossen. Rumtse könnte direkt

Nomadenzelte bei Tsakshang

mit Jeep oder Bus von Leh erreicht werden, was aber auf Grund der beträchtlichen Höhenlage nicht unbedingt zu empfehlen ist.

6. Tag: Rumtse, 4190 m – Kyamar Sumdo, 4530 m (3.30 Std.)
Wir schwenken in ein schönes Seitental und wandern auf einer Piste nur wenig steigend bis Kyamar Sumdo, 4530 m.

7. Tag: Kyamar Sumdo, 4530 m (Ruhetag)
Hier befinden wir uns auf einer kritischen Höhe und genießen einen Ruhetag auf dieser schönen Weide. Ein hoher Aussichtspunkt lädt zur Besteigung ein.

8. Tag: Kyamar Sumdo, 4530 m – Tisaling, 4950 m (5 Std.)
Heute gilt es, zwei Pässe zu übersteigen. Den Ersten erreichen wir nach einem langen, aber nicht sehr steilen Aufstieg: Kumur La, 5010 m. Nach einem kurzen Abstieg in ein Seitental geht es zum zweiten Pass: Mandalchan La, 5110 m. Kurzer Abstieg auf die prächtige Hochweide von Tisaling, 4950 m.

9. Tag: Tisaling, 4950 m – Thaktsang, 4680 m (3 Std.)
Wir steigen hinauf zum Thaktsang La, 5060 m, und gelangen nun definitiv auf die große Hochebene des Changthang/Rupshu. Durch ein hübsches Tal hinunter wandern wir zum wunderschönen Platz von Thaktsang, 4680 m.

10. Tag: Thaktsang, 4680 m – Nyagur, 4530 m (5 Std.)
Wir wandern nun in die weite Ebene von Samad Rokchen. Bei einem Felsriegel von links gelangen wir nach Thukje, 4510 m, und damit zum Tsho Kar, einem mit Salzkrusten umgebenen See. Dort befindet sich auch ein kleines Kloster. Etwas weiter finden wir einen schönen Zeltplatz unweit des Wassers: Nyagur, 4530 m.

11. Tag: Nyagur, 4530 m – Zhuksris, 4800 m (4.30 Std.)
Durch eine sehr öde Sandwüste, die nur durch einzelne Felsbrocken und Stachelgestrüpp unterbrochen wird, biegen wir nach Osten ab und stellen bei Zhuksris, 4800 m, unsere Zelte auf.

12. Tag: Zhuksris, 4800 m – Nakpo Gozing, 5100 m (4 Std.)
Auf einer Piste wandern wir gemütlich hinauf zu einem großen Pass, Polo Kongka, 4920 m, mit *lhato* und *labtsa*. Bald geht es nach rechts steil hinauf. An einem langen Hang, der von einigen kleinen Bächlein unterbrochen wird, gelangen wir nach Nakpo Gozing, 5100 m, höchstes Camp der Reise.

13. Tag: Nakpo Gozing, 5100 m – Tsakshang, 4660 m (5.30 Std.)
Wir werden mit etwas Wehmut diesen wunderbaren Platz verlassen. Aber bald wird es noch spektakulärer. Über den fast flachen Nakpo Gozing La, 5240 m, gelangen wir zu jenem Ort, wo der riesige Tsho Moriri zum ersten Male sichtbar wird. Es folgt der Abstieg durch ein schönes Tal mit Nomadensiedlungen bis zum Camp Tsakshang, 4660 m.

14. Tag: Tsakshang, 4660 m – Korzok Phu, 4650 m (4 Std.)
Dem Tal mit seinem lustigen Bach folgend steigen wir hinunter bis zum Ufer des Tsho Moriri, der dunkelblau in einer braunen Landschaft liegt. Am rechten Ufer wandern wir bis zu einer Abzweigung. Kurzer Aufstieg nach Korzok Phu, 4650 m.

15. Tag: Korzok Phu, 4650 m – Korzok, 4560 m (2 Std.)
Heute besteigen wir von unserer Hochalp einen wunderschönen Aussichtsberg, den Dawa Ri, 4800 m, von dem wir eine herrliche Sicht auf den ganzen See haben. Abstieg nach Korzok, 4560 m, wo wir die Gompa besuchen. Bis hier führt eine Piste. Jeeps können uns hier abholen.

MÖGLICHE FORTSETZUNG

Fahrt nach Leh

Tsho-Moriri-Trek	Alles auf einen Blick
Land	Indien (Ladakh)
Wo	Changthang, Rupshu
Wann	Juni bis September
Start	Hemis, 3800 m
Ende	Korzok, 4560 m
Dauer	15 Tage
Höchster Punkt	Nakpo Gozing La, 5240 m
Tiefster Punkt	Hemis, 3800 m
Wie	Karawanen-Trek
Besonderes	Großartige Landschaft mit Nomaden
Gefahren	Durchwegs große Höhenlage, gut akklimatisieren!

Der Kangchenjunga-Trek (Sikkim/Himalaja)

Sikkim, ehemals ein souveränes Königreich mit der Hauptstadt in Gangtok, ist das mit Abstand kleinste Bundesland Indiens. Auf engem Raum und begünstigt durch ein feuchtes Monsunklima entwickelte sich in Sikkim eine sehr große Artenvielfalt der Flora. Zudem beherrscht der dritthöchste Berg dieser Welt, der Kangchenjunga, 8598 m, die nördliche Hemisphäre dieses sympathischen Landes, ein gewaltiger Berg mit einer starken Ausstrahlung.

GEOGRAFIE UND TOPOGRAFIE

Sikkim liegt im östlichen Bereich des Himalaja. Dort sind durch geologische Voraussetzungen die Abstände zwischen den fluvialen Ablagerungen der Ganges/Brahmaputra-Ebene (dem Terai) und den Hochgebirgen sehr gering. Innerhalb weniger Kilometer gelangt man deshalb von einem heißen Flachland in eine arktische Zone. Das Land wird in den Sommermonaten vom Monsun stark beregnet und ist durch die ständige Erosion dementsprechend fein gegliedert. Tiefe, bewaldete Schluchten und hohe Berge prägen Sikkim.

AUSGANGSPUNKT

Der Trek beginnt in Yuksam, einem alten Königssitz Sikkims. Bis dorthin führen Straßen von Darjeeling und Gangtok.

Tshoka, eine schöne Siedlung, die von tibetischen Flüchtlingen bewohnt wird.

KLIMAZONE

Der Trek zum Kangchenjunga findet in einem subtropischen Klima statt, das mit zunehmender Höhe gemäßigter wird. Der Monsun dauert von Juni bis September. In diesen wenigen Monaten fallen beinahe 90% des jährlichen Niederschlags. Von Oktober bis Mai herrscht jedoch Trockenzeit. Sikkim wird auch das »Land der Orchideen« genannt, was auf Grund der großen Artenvielfalt dieser prächtigen Blumen nicht erstaunt.

BEVÖLKERUNG

Die Urbevölkerung Sikkims besteht aus Lepcha, einem tibeto-mongolischen Volk. Später folgten Einwanderungswellen aus Tibet und Nepal, weshalb wir überall auch Bhotia (Tibeter) und verschiedene nepalesische Bergstämme finden. In Gangtok gesellen sich noch unterschiedliche indische Einwanderer dazu. Es wird hauptsächlich Nepali gesprochen. Englisch ist die Handelssprache.

WISSENSWERTES

Sikkim ist ein vom lamaistischen Buddhismus geprägtes Land. Hier finden wir Klöster bis in das subtropischen Flachland, während in Nepal oder in anderen Bundesländern Indiens der Einflussbereich des Buddhismus auf das Hochgebirge beschränkt bleibt. Eine wichtige Institution ist das Kloster Rumtek, das Hauptkloster der Karma-Kargyüpa Schule des Lamaismus.

Lamaismus: Gebetsfahnen

VORAUSSETZUNGEN

Die Wege zum Kangchenjunga sind sehr gut ausgebaut. Technische Schwierigkeiten sind nicht zu erwarten, hingegen sind die Höhendifferenzen sehr groß und abrupt. Ein langsames Vorrücken zur besseren Akklimatisation ist deshalb angezeigt. Plötzliche Kälteeinbrüche sind nicht selten.

KURZCHARAKTERISTIK

Eine Schlucht führt von Yuksam in eine wilde, unberührte Gebirgslandschaft. Viel Wald bietet Schatten, herrliche Flüsse versprechen Kühlung. Nach einer steilen Rampe gelangt man auf eine Hochweide, die sich für einen Akklimatisationsruhetag gut eignet. Danach folgt ein liebliches Hochtal, welches schließlich zum Goecha La führt, von wo bei gutem Wetter der Kangchenjunga aus großer Nähe gesehen werden kann.

Hügelreihen: Vom Hochgebirge geht es abrupt hinunter in die subtropischen Ebenen.

TOURISTISCHE INFRASTRUKTUR

Es bestehen unbewartete Schutzhütten auf dem Weg, hingegen ist man in Zelten besser aufgehoben. Der Karawanen-Stil ist angesagt, als Tragtiere kommen Pferde und Zopkyos (Hybriden zwischen Yak und Rind) in Frage.

BESTE JAHRESZEIT

Oktober bis Dezember, März bis Mai.

DAUER

Um die Akklimatisationsintervalle zu respektieren, sind mindestens zehn Tage für diesen Trek zu planen.

ROUTENBESCHREIBUNG

1. Tag: Yuksam, 1780 m – Bakhim, 2640 m (4 Std.)
Start in Begleitung von Yaks und Pferden durch Urwald zur Brücke über den Prek Chhu, 2240 m, danach steiler Aufstieg nach Bakhim, 2640 m.

2. Tag: Bakhim, 2640 m – Pethang, 3660 m (3 Std.)
Gemütlicher Aufstieg, immer in Mischwald, vorbei am Tibeterdorf Tshoka (mit schönem Kloster) zum Mittagessen und Camp in Pethang, 3660 m.

3. Tag: Pethang, 3660 m – Dzongri, 3990 m (2 Std.)
Durch verschiedene Klimastufen steigen wir hinauf zu einem schönen Kamm und weiter zur großen Yakalp Dzongri, 3990 m.

4. Tag: Dzongri, 3990 m (Ruhetag)
Auf dieser Hochalp kann man sich ausgezeichnet akklimatisieren. Dies ist wichtig für die kommenden Tage im Hochgebirge. Freiwilliger Ausflug zum wunderschönen Aussichtspunkt Dzongri Peak, 4100 m.

5. Tag: Dzongri, 3990 m – Thangsing, 3900 m (3.30 Std.)
Auf einem Höhenweg zu einem Aussichtspunkt, dann steiler Abstieg hinunter nach Kokchhurong, 3670 m, Schutzhütte. Anschließend durch märchenhafte Landschaft bis Thangsing, 3900 m.

6. Tag: Thangsing, 3900 m – Sungmothang Tsho, 4250 m (3 Std.)
Durch ein prächtiges Hochtal am Fuße des Mount Pandim wandern wir gemütlich hinauf zum Sungmothang Tsho (Samiti Lake), 4250 m. Schönes Camp am See.

7. Tag: Sungmothang Tsho, 4250 m – Goecha La, 4930 m – Thangsing, 3900 m (6 bis 8 Std.)
Ein Aufbruch um 04.00 Uhr lohnt sich, da tagsüber oft Wolken den Monarchen einhüllen. Auf Moränenwällen und über eine Sandebene gelangt man zum höchsten Punkt dieser Route dem Goecha La, 4930 m. Dort kann die phänomenale Aussicht auf den Kangchenjunga, 8598 m, genossen werden. Langer Abstieg über Sungmothang zurück nach Thangsing, 3900 m.

8. Tag: Thangsing, 3900 m – Tshoka, 3050 m (4.30 Std.)
Zunächst Abstieg auf bekanntem Pfad nach Kokchhurong, dann auf einem herrlichen Höhenweg durch Rhododendronwald nach Pethang, von dort Abstieg nach Tshoka, 3050 m, sehenswerte Siedlung von Exiltibetern.

9. Tag: Tshoka, 3050 m (Ruhetag)
Genießen Sie ruhig noch einen Ruhetag hier in Tshoka, beobachten Sie die Einheimischen bei ihren vielfältigen Tätigkeiten und besuchen das Kloster und degustieren Sie *tongba*, die lokale Spezialität. Der Tag soll auch als Reserve dienen, falls in den höheren Lagen wegen schlechten Wetters gewartet werden muss.

10. Tag: Tshoka, 3050 m – Yuksam, 1780 m (5 Std.)
Auf dem bekannten Waldpfad über Bakhim gelangt man wieder zum Ausgangspunkt des Treks zurück, Yuksam, 1780 m.

MÖGLICHE FORTSETZUNG

Besuch des Kechipori-Sees
Fahrt mit Jeep oder Bus nach Gangtok oder Kalimpong

Kangchenjunga-Trek	Alles auf einen Blick
Land	Indien (Sikkim)
Wo	Östlicher Himalaja
Wann	Oktober bis Dezember, März bis Mai
Start	Yuksam, 1780 m
Ende	Yuksam, 1780 m
Dauer	10 Tage
Höchster Punkt	Goecha La, 4930 m
Tiefster Punkt	Yuksam, 1780 m
Wie	Karawanen-Trek
Besonderes	Kardamom-Plantagen in den tiefen Tallagen
Gefahren	Höhe. Nur durch kluge Akklimatisation im Vorfeld und durch die Respektierung der Intervalle können Komplikationen vermieden werden.

Register

Bibliografie

* Banzhaf, Bernhard R.: Abenteuer Trekking: Nepal, Bruckmann München 2001
* Banzhaf, Bernhard R.: Alpinwandern Wallis, SAC-Verlag Bern 2003
* Banzhaf, Bernhard R.: CD-ROM Nepal, Rother München 2002
* Breeden, Robert L.: National Geographic's Guide of the National Parks of the United States, The National Geographic's Society (auch in deutscher Übersetzung bei GEO Verlag Hamburg)
* Durrer, Bruno, Jacomet, Hans, Wiget, Urs: Erste Hilfe für Wanderer und Bergsteiger, SAC-Verlag Bern 2000
* Munter, Werner: 3x3 Lawinen, Rother München 2002
* Nepal, Sanjay Kumar, Kohler, Thomas, Banzhaf, Bernhard R.: Great Himalaya, Tourism and the Dynamics of Change in Nepal, Schweiz. Stiftung für Alpine Forschung, Zürich 2002
* Stückl, Pepi, Sojer, Georg: Berg Sport Praxis Bergsteigen, Bruckmann München 2002
* Madian, Asisa, Matthießen Kai: Erste Hilfe auf Tour, Bruckmann München 2003

Impressum

Ein kostenloses Gesamtverzeichnis erhalten Sie beim
Bruckmann Verlag
D-81664 München

www.bruckmann.de
www.bergsteiger.de

Lektorat: Sabine Klingan
Layout: BUCHFLINK Rüdiger Wagner, Nördlingen
Herstellung: Thomas Fischer

Alle Angaben dieses Werkes wurden vom Autor sorgfältig recherchiert und auf den aktuellen Stand gebracht sowie vom Verlag geprüft. Für die Richtigkeit der Angaben kann jedoch keine Haftung übernommen werden. Für Hinweise und Anregungen sind wir jederzeit dankbar. Bitte richten Sie diese an:
Bruckmann Verlag
Lektorat
Innsbrucker Ring 15
D-81673 München
E-Mail: lektorat@bruckmann.de

Bildnachweis: Alle Bilder stammen vom Autor bis auf das Titelbild (Ralf Gantzhorn, Trekking in Solo Khumbu) sowie S. 178/179 (Matthias Wittber). Umschlagrückseite: Kettenbrücke in Nepal, S. 2/3: Eine Trekkinggruppe umrundet den Manaslu, hier im Buri Gandaki Tal/Nepal, S. 4: Karawanen-Trek: Der erfahrene Karawanenführer belädt das Pferd, S. 5: Die große Weite: Passhöhe im Changthang, S. 6: Trekking in Hongkong: Die Besteigung des Che Kai Shan, S. 7: Geheimnisvolle Subtropen: Ein Banyanbaum spendet Schatten am Weg.

Die Deutsche Bibliothek – CIP Einheitsaufnahme
Ein Titeldatensatz für diese Publikation ist bei der Deutschen Bibliothek erhältlich.

Printed in Italy by Printer Trento S.r.l.
ISBN 3-7654-3989-4